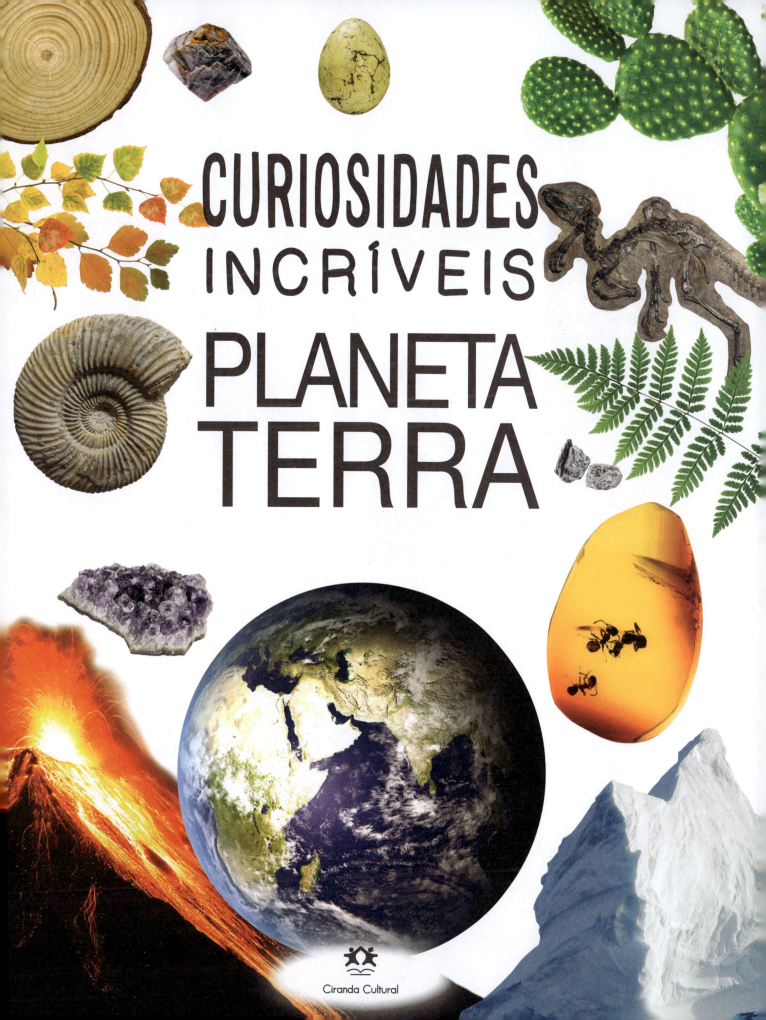

SUMÁRIO

NOSSA TERRA..4

GEOLOGIA..16

TEMPO E CLIMA 30

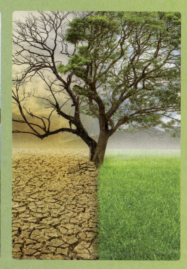

OCEANOS E MARES 44

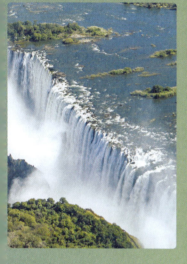

RELEVOS DA TERRA 50

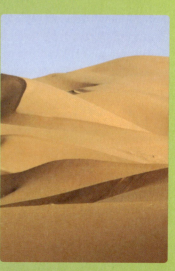

O QUE TORNA A TERRA ÚNICA?

A Terra é o único planeta do nosso Sistema Solar com oxigênio em sua atmosfera e muita água líquida em sua superfície, permitindo a existência de vida, nas suas diversas formas. É o nosso lindo planeta azul, repleto de uma infinidade de animais vivos, plantas e, claro, seres humanos!

Nosso planeta azul

Curiosidade: COMO A TERRA FOI CRIADA?

Os cientistas acreditam que a Terra se formou praticamente junto com o Sol e outros planetas. A formação do nosso Sistema Solar ocorreu a partir de uma nuvem gigante e rotativa de gás e poeira conhecida como nebulosa solar. Quando a nebulosa entrou em colapso, devido à sua gravidade, ela girou mais rápido e se achatou em um disco. A maior parte do seu material foi atraída para o centro, formando o Sol. Gradualmente, o resto dessa vasta nuvem começou a esfriar e o gás se condensou em bilhões de gotículas. Essas gotículas foram lentamente unidas por sua própria gravidade, formando aglomerados. As partículas restantes de dentro do disco colidiram e se uniram para formar outros corpos maiores, incluindo a Terra.

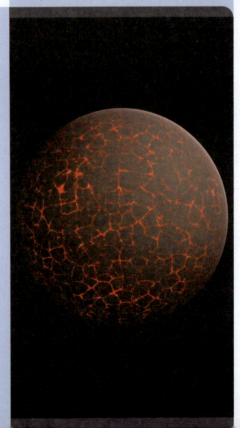

Superfície da Terra em resfriamento

QUAL É A FORMA DA TERRA?

A Terra não é uma esfera perfeita. A rotação do planeta faz com que ela fique saliente na linha do equador. Os cientistas descrevem a forma da Terra como "geoide", que, curiosamente, significa "em formato de Terra"!

NOSSA TERRA   5

COMO ERA A TERRA NO COMEÇO?

No início, era apenas uma bola flamejante de rocha derretida (líquida). À medida que esfriava, foram se formando protuberâncias na superfície, que gradualmente endureceram, formando uma crosta. Os vulcões continuaram despejando vapor e gases na superfície, o que levou à formação da atmosfera. Enquanto a Terra esfriava ainda mais, nuvens de vapor transformavam-se em água, criando vastos oceanos. A crosta eventualmente esfriou e se separou para formar os continentes.

Rocha derretida já fluiu pela superfície da Terra.

A TERRA GIRA INCLINADA?

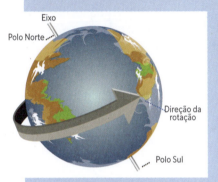

A Terra gira em um eixo inclinado.

Sim, a Terra gira em torno de uma linha imaginária – chamada eixo – entre os polos. O eixo está inclinado 23,5° em relação ao Sol. A Terra gira uma vez a cada 23 horas, 56 minutos e 4,09 segundos. O Sol parece, portanto, voltar ao mesmo lugar no céu uma vez a cada 24 horas.

POR QUE A ATMOSFERA É TÃO IMPORTANTE PARA A TERRA?

As nuvens fazem parte da atmosfera da Terra.

A Terra é envolvida por uma fina camada de gases, incluindo nitrogênio, oxigênio, argônio e dióxido de carbono. Esse cobertor é chamado de atmosfera e sua espessura é de cerca de 96,56 quilômetros. Sem essa proteção, a Terra seria tão sem vida quanto a Lua. A atmosfera nos dá ar para respirar e água limpa para beber, além de nos proteger dos raios nocivos do Sol, ao mesmo tempo que nos mantém aquecidos, retendo o calor.

QUIZ rápido!

QUEM DESCOBRIU QUE A TERRA GIRA EM TORNO DO SOL?

O astrônomo polonês Nicolau Copérnico.

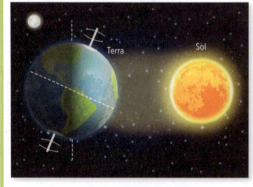

A Terra circunda o Sol girando em seu próprio eixo.

A QUE VELOCIDADE A TERRA GIRA?

A mais de 1.000 quilômetros por hora.

A QUE VELOCIDADE A TERRA ORBITA O SOL?

A mais de 100 mil quilômetros por hora.

POR QUE A TERRA É AZUL QUANDO VISTA DO ESPAÇO?

As nuvens pairam acima da terra e da água.

A Terra é o terceiro planeta mais próximo do Sol no nosso Sistema Solar. À distância, parece uma grande e redonda joia azul, flutuando na escuridão do espaço. Ela é azul porque três quartos de sua superfície rochosa estão submersos nas águas azuis do oceano, que brilham à luz do Sol.

QUAL É A ESPESSURA DAS PLACAS TECTÔNICAS?

Existem cerca de sete grandes placas. A espessura exata de cada uma é incerta, mas podem atingir até 145 quilômetros de profundidade em alguns locais.

Curiosidade: DO QUE É FEITA A TERRA?

A estrutura da Terra pode ser dividida em três partes: a crosta, o manto e o núcleo. Composta principalmente de oxigênio e silício, a crosta é a camada mais externa. É a paisagem familiar em que vivemos: rochas, solo e o fundo do mar. Abaixo da crosta está o manto, uma camada com quase 3.000 quilômetros de profundidade. É feito de silicatos metálicos, sulfetos e óxidos. Essa camada é tão quente que a rocha muitas vezes flui como um piche pegajoso - só que de forma muito, muito lenta. Abaixo do manto, há um núcleo de metal, composto principalmente de ferro, enxofre e níquel. A parte externa do núcleo é tão quente que o metal está sempre derretido. O campo magnético da Terra é criado ali. O núcleo interno da Terra é ainda mais quente - estimado em cerca de 6.000°C -, mas o metal é sólido porque a pressão dentro do núcleo interno é extrema, então o metal não pode ser derretido.

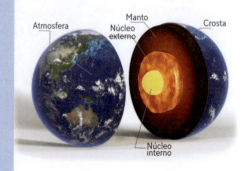

A Terra vista de dentro

NOSSA TERRA 7

O QUE SÃO AS PLACAS TECTÔNICAS?

A superfície da Terra pode parecer sólida, mas é como um grande quebra-cabeça. As camadas externas da Terra são divididas em grandes blocos, chamados placas tectônicas, que flutuam sobre uma camada de rochas parcialmente derretida.

As placas que formam a crosta da Terra

COMO SABEMOS COMO É O INTERIOR DA TERRA?

Os cientistas descobriram isso a partir das vibrações de terremotos e explosões subterrâneas. Os dados são representados com linhas em mapas 3-D para ajudar os cientistas a compreenderem a estrutura do núcleo da Terra.

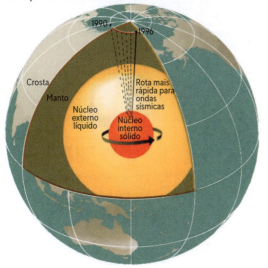

Estrutura da Terra

O QUE ACONTECE QUANDO AS PLACAS COLIDEM?

As placas se movem, em média, de quatro a sete centímetros por ano. Se elas colidirem em uma fossa profunda sob o oceano, uma placa é puxada para baixo da outra, sendo derretida e reciclada. Em terra, quando os continentes colidem, as suas bordas são empurradas para cima, formando novas cadeias de montanhas.

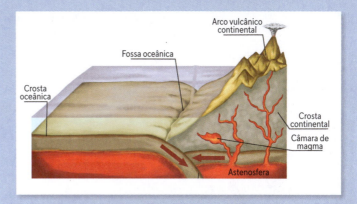

O que acontece quando as placas colidem.

QUIZ rápido!

QUAL É A ESPESSURA DA CROSTA DA TERRA?

Varia de 6 a 11 quilômetros sob os oceanos, e de 30 a 75 quilômetros sob os continentes.

COMO A TERRA GERA SEU CAMPO MAGNÉTICO?

Ele é formado no núcleo externo.

Campo magnético da Terra

POR QUE O NÚCLEO DA TERRA É FEITO DE FERRO?

Porque, à medida que a Terra esfriava, metais densos, como o ferro, afundavam para o centro, enquanto materiais mais leves flutuavam para o topo.

DO QUE É FEITA A ATMOSFERA DA TERRA?

Cobrindo a superfície da Terra como um cobertor fino, está uma camada de gases que forma a atmosfera. Ela é composta de 78% de nitrogênio, 21% de oxigênio e 0,04% de dióxido de carbono. A pequena porcentagem restante é composta de alguns outros gases, vapor d'água e poeira.
Mal percebemos a atmosfera que nos envolve, mas, sem ela, a Terra seria tão sem vida quanto a Lua.

Atmosfera da Terra

QUIZ rápido!

Um barômetro

O QUE É A PRESSÃO DO AR?
O peso do ar em uma superfície da Terra. É medido com um barômetro.

O QUE É A IONOSFERA?
É outra camada que se sobrepõe a mesosfera, termosfera e exosfera, onde as ondas de rádio são refletidas.

Um satélite em órbita

EM QUE CAMADA DA ATMOSFERA OS SATÉLITES ORBITAM A TERRA?
A termosfera.

ONDE A TROPOSFERA FICA MAIS FINA?
Nos Polos Norte e Sul.

QUÃO FRIA É A ATMOSFERA?

A atmosfera, com todas as suas camadas, estende-se até 10 mil quilômetros da superfície da Terra. As temperaturas variam nas diferentes camadas: a mesosfera pode atingir até -90°C, a exosfera pode ser muito, muito mais fria, enquanto a termosfera, ao contrário, pode atingir 2.000°C!

NOSSA TERRA 9

Curiosidade: A ATMOSFERA É FEITA DE CAMADAS?

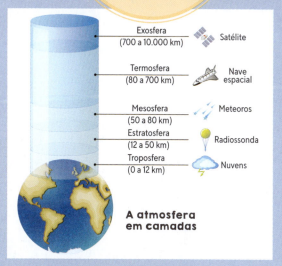

Exosfera (700 a 10.000 km) — Satélite
Termosfera (80 a 700 km) — Nave espacial
Mesosfera (50 a 80 km) — Meteoros
Estratosfera (12 a 50 km) — Radiossonda
Troposfera (0 a 12 km) — Nuvens

A atmosfera em camadas

Sim, a atmosfera tem cinco camadas. A camada mais baixa, mais próxima da superfície da Terra, é a troposfera. É aqui que o clima é criado e onde a maior parte dos gases da atmosfera está concentrada. Acima está a estratosfera. Não há vento nessa camada, nem há nuvens. Depois dela, fica a fria mesosfera, com poucos gases. É seguida pela termosfera, a maior e mais quente camada da atmosfera, e, por último, pela exosfera, na borda do espaço sideral.

POR QUE A ESTRATOSFERA É VITAL?

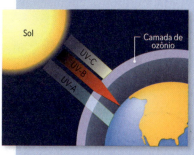

Como a camada de ozônio protege a Terra.

A estratosfera possui uma camada de gás ozônio, que atua como um guarda-chuva espesso cobrindo as camadas abaixo. Ao absorver a maior parte da radiação UV prejudicial do Sol, a camada de ozônio impede que ela atinja a superfície da Terra, permitindo, assim, a sobrevivência da vida no planeta.

Precipitação

QUAL É A DIFERENÇA ENTRE CHUVA E PRECIPITAÇÃO?

Quando muito vapor d'água preenche o ar, ele começa a se transformar e a se condensar em gotículas de água. Essas gotículas caem de volta na Terra como precipitação, que pode assumir várias formas – chuva, granizo, neve, neblina ou orvalho. A chuva é apenas uma forma de precipitação.

O QUE É UMIDADE?

Quando a água evapora, forma o vapor d'água gasoso. A quantidade de vapor no ar em determinado momento é conhecida como umidade. Se mais e mais vapor d'água satura o ar, a umidade aumenta, resultando, eventualmente, em chuva, neblina ou nevoeiro, dependendo do calor e da temperatura do local.

O QUE É LATITUDE E LONGITUDE?

Cada lugar na superfície da Terra pode ser identificado por dois números: a sua latitude e a sua longitude. Linhas de latitude (chamadas de "paralelos") formam anéis ao redor da Terra, paralelos à linha do equador. A latitude de um lugar é dada em graus (°) ao norte ou ao sul do equador, que é considerado a latitude 0°. Por outro lado, linhas de longitude (chamadas "meridianos") circundam a Terra de norte a sul, dividindo o mundo como os gomos de uma laranja. A longitude de um lugar é dada em graus a oeste ou leste do meridiano principal, que é a longitude 0°. É claro que todas essas linhas são imaginárias – existem apenas no papel.

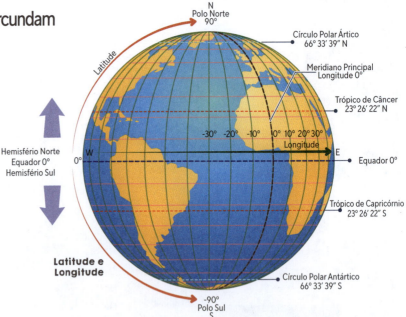

Curiosidade: O QUE É FUSO HORÁRIO?

Enquanto a Terra gira, diferentes partes da superfície são iluminadas pelo Sol em momentos diferentes - o Sol está sempre nascendo em um local e se pondo em outro, então as horas variam em todo o mundo. Quando amanhece onde você mora, é pôr do sol do outro lado do mundo. Para facilitar o ajuste dos relógios, o mundo está dividido em 24 fusos horários, um para cada hora do dia. À medida que você segue para o leste do mundo, é preciso avançar os relógios em uma hora para cada zona até chegar a uma linha imaginária chamada Linha Internacional de Data. Se você atravessá-la, continuará adicionando horas, mas precisará atrasar o calendário em um dia.

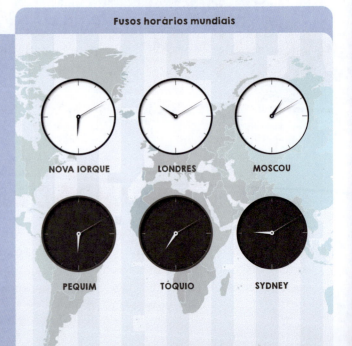

Fusos horários mundiais

NOSSA TERRA | 11

O QUE É O **MERIDIANO PRINCIPAL?**

É uma linha imaginária marcando 0° de longitude, perpendicular ao equador e paralela ao eixo da Terra. Ela passa por Greenwich, no Reino Unido, e divide a Terra em hemisférios oriental e ocidental. Ao cruzar os polos para o lado oposto do globo, a linha passa a ter 180° de longitude e fica conhecida como Linha Internacional de Data.

O meridiano principal e a Linha Internacional de Data.

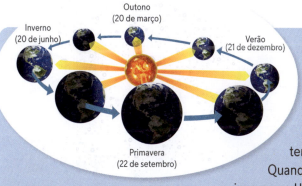

As quatro estações

POR QUE AS **ESTAÇÕES MUDAM?**

A Terra está sempre inclinada na mesma direção em que orbita o Sol. Portanto, quando a Terra está de um lado desse astro, o Hemisfério Norte fica mais próximo dele, deixando-o mais quente. Ao mesmo tempo, o Hemisfério Sul está afastado do Sol e, portanto, mais frio. Quando a Terra atinge o outro lado do Sol, acontece o oposto, então é inverno no Hemisfério Norte e verão no Sul.

O QUE É O **EQUADOR?**

O equador é o círculo que demarca o centro da Terra. É perpendicular ao eixo e divide o planeta em dois hemisférios iguais (ou meias esferas), o norte e o sul.

QUIZ rápido!

POR QUE A LATITUDE E A LONGITUDE SÃO IMPORTANTES?

Dois pontos na Terra podem estar na mesma latitude, mas, ainda assim, distantes um do outro. Da mesma forma, dois pontos distantes podem estar na mesma longitude. Mas apenas um ponto reside numa combinação particular de latitude e longitude. Portanto, latitudes e longitudes são necessárias para localizar um ponto exato na Terra.

ONDE ESTÁ O CÍRCULO POLAR ÁRTICO?

No Hemisfério Norte, a 66½° N de latitude.

QUANTAS HORAS HÁ EM UM DIA?

O dia tem 24 horas – o tempo que a Terra leva para dar um giro completo em torno de seu próprio eixo.

ONDE ESTÁ O CÍRCULO POLAR ANTÁRTICO?

No Hemisfério Sul, a 66,5° S de latitude.

Círculo Polar Antártico

POR QUE O SOL NASCE NO LESTE?

Como a Terra gira para leste, o Sol nasce nessa mesma posição e se põe no oeste.

COMO A VIDA COMEÇOU

QUAL É A LINHA DO TEMPO DA VIDA NA TERRA?

Assim como o dia é dividido em horas, minutos e segundos, os geólogos dividem a história da Terra em períodos. As divisões mais longas são os éons, que duram bilhões de anos; as mais curtas são os crons, com alguns milhares de anos de duração. Entre eles, estão eras, períodos, épocas e idades. Os cientistas dividem os últimos 590 milhões de anos em três eras: a Paleozoica (que significa "vida antiga"), a Mesozoica ("vida média") e a Cenozoica ("vida nova").

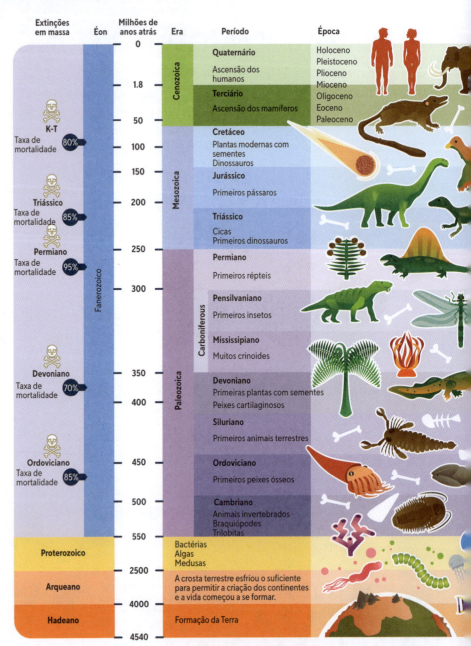

Linha do tempo geológica

COMO ERAM OS PRIMEIROS ANIMAIS?

Há cerca de 500 milhões de anos, as bactérias nos oceanos evoluíram para os primeiros peixes. Essas estranhas criaturas não tinham mandíbulas; tinham bocas sugadoras em forma de funil.

QUANDO AS PLANTAS COMEÇARAM A CRESCER NA TERRA?

As primeiras plantas terrestres surgiram durante o período Siluriano, há cerca de 440 milhões de anos. Eram simples e se reproduziam liberando esporos. As plantas produziram oxigênio e forneceram alimento para os primeiros animais terrestres – os anfíbios. Os anfíbios se desenvolveram pela primeira vez no período Devoniano, há 420 milhões de anos, a partir de peixes cujas barbatanas evoluíram para membros.

NOSSA TERRA | 13

O QUE SÃO ESTROMATÓLITOS?

As formas de vida primitivas podem ter surgido pela primeira vez na Terra há cerca de 3,8 bilhões de anos. Essas bactérias viviam nos oceanos e formavam camadas sólidas de carbonato de cálcio, também conhecido como cal. Os depósitos das bactérias são conhecidos como estromatólitos.

Estromatólitos

POR QUE DEMOROU TANTO PARA A VIDA APARECER?

A superfície da Terra provavelmente esteve derretida durante muitos milhões de anos após a sua formação. A vida não existiu durante os primeiros 400 a 800 milhões de anos e começou primeiramente na água, após a formação dos oceanos.

Quente demais para sustentar a vida.

Curiosidade:
HÁ QUANTO TEMPO A VIDA SURGIU?

Os primeiros sinais de vida - provavelmente bactérias - surgiram há quase quatro bilhões de anos. Mas os animais com conchas e ossos só apareceram há menos de 600 milhões de anos - esses foram os primeiros seres vivos preservados como fósseis. Com a ajuda desses fósseis, os geólogos construíram um esboço da história da Terra desde então. Muito pouco se sabe sobre os quatro bilhões de anos anteriores, o chamado período Pré-cambriano, que representa mais de 85% da história da Terra.

Fóssil de amonite

QUIZ rápido!

O QUE É UM MAMUTE-LANOSO?

Um mamífero pré-histórico, que foi o ancestral do elefante.

Mamute-lanoso

O QUE É UM FÓSSIL?

Os fósseis são restos preservados de plantas, animais ou vestígios de formas de vida encontrados na crosta terrestre, de uma era geológica passada.

Fóssil de um dos primeiros peixes

COMO É CHAMADO O ESTUDO DOS FÓSSEIS?

Paleontologia.

NA HISTÓRIA DA TERRA, HÁ QUANTO TEMPO OS HUMANOS EXISTEM?

Se a história da Terra fosse resumida em um dia, os humanos apareceriam apenas no final, nos dois segundos antes da meia-noite!

O QUE É EVOLUÇÃO?

A vida existe na Terra há milhões de anos. Formas vivas e criaturas habitaram quase todo o planeta e, ao longo dos séculos, foram mudando e se distanciando do que eram no passado. Essa transformação ou modificação de características e funções nos seres vivos é chamada de evolução. No entanto, acredita-se que alguns animais, como a barata e o crocodilo, não mudaram muito desde a era dos dinossauros.

Uma barata

QUEM FOI CHARLES DARWIN?

Charles Darwin foi um cientista inglês que propôs que a evolução acontecia por meio da "seleção natural". De acordo com ele, os organismos que vivem são aqueles que apresentam as melhores características para sobreviver ao seu ambiente e, portanto, transmitem essas características às gerações seguintes.

Charles Darwin

Curiosidade: POR QUE AS CRIATURAS SÃO EXTINTAS?

A extinção ocorre quando uma população inteira de determinado ser vivo desaparece da Terra. Embora pareça drástico, as extinções são bastante comuns na história da Terra. Os cientistas acreditam que 99% - mais de cinco bilhões de espécies que já existiram - foram extintas desde o início da vida. Isso pode ter acontecido devido à falta de comida ou a eventos desastrosos, como a queda de asteroides na Terra.
Nos últimos tempos, a velocidade com que as espécies estão sendo extintas aumentou por conta da atividade humana.

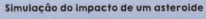

Simulação do impacto de um asteroide

NOSSA TERRA | 15

QUANDO APARECEU O PRIMEIRO MAMÍFERO NA TERRA?

Os primeiros mamíferos eram pequenos e peludos e pareciam ratos ou musaranhos. O megazostrodon foi um dos primeiros mamíferos. Embora os mamíferos tenham surgido na Terra há cerca de 200 milhões de anos, eles só se tornaram comuns após a extinção dos dinossauros.

Megazostrodon

QUIZ rápido!

Entelognathus primordialis, o primeiro fóssil com um rosto

QUAL É O FÓSSIL DE PEIXE MAIS ANTIGO?

Entelognathus primordialis – 419 milhões de anos.

O QUE É UM CELACANTO?

Um peixe de águas profundas raramente visto e que existe desde a época dos dinossauros.

Celacanto

O QUE FOI IMPORTANTE NA ERA CENOZOICA?

Nesse período, houve uma rápida evolução dos mamíferos e da flora.

QUAL É O FELINO MAIS VELHO DE QUE SE TEM NOTÍCIA?

A *Panthera blytheae*, parecida com um leopardo, que vagou pelo Himalaia há seis milhões de anos.

POR QUE O PERÍODO CAMBRIANO É IMPORTANTE?

O período Cambriano estendeu-se de 541 a 485,4 milhões de anos atrás. Foi uma época em que a Terra ainda estava fria, mas vinha esquentando gradualmente. Toda a vida pré-cambriana era aquática e de corpo mole. Como as criaturas cambrianas tinham partes do corpo duras, muitos dos primeiros fósseis conhecidos são desse período.

A vida na era cambriana

O QUE SÃO ROCHAS?

As rochas são a massa dura da qual o solo é feito. Embora geralmente as vejamos expostas em locais como penhascos, montanhas e pedreiras, as rochas estão por toda parte, até mesmo nas profundezas do solo. Elas podem ser tão antigas quanto a própria Terra e são feitas de minerais, minúsculos cristais ou grãos de substâncias químicas naturais.

Falésias rochosas à beira-mar

Curiosidade:
QUANTOS TIPOS DE ROCHAS EXISTEM?

Rocha ígnea

Rocha sedimentar

Rocha metamórfica

Rocha sedimentar

Existem três tipos de rochas: ígneas, sedimentares e metamórficas. Rochas ígneas são formadas quando o magma incandescente flui do núcleo quente da Terra e esfria. As rochas sedimentares se formam quando detritos, incluindo plantas e matéria orgânica, geralmente depositados no fundo do mar em camadas, são acumulados, comprimidos e cimentados em rocha sólida ao longo de milhões de anos. As rochas metamórficas são criadas quando os movimentos da crosta terrestre ou o calor do seu magma transformam um tipo de rocha em outro.

QUAIS SÃO AS ROCHAS MAIS COMUNS?

As rochas sedimentares cobrem 75% da superfície da Terra, mas as rochas ígneas constituem 95% das rochas nos 16 quilômetros superiores da crosta terrestre. Embora as rochas metamórficas não sejam tão predominantes, elas constituem o maior grupo de rochas coloridas.

GEOLOGIA | 17

O QUE É O CICLO DAS ROCHAS?

As rochas são continuamente recicladas para a produção de outras, em um processo chamado ciclo das rochas. Por exemplo, as rochas ígneas são gradualmente desgastadas pelo clima. Os fragmentos são levados para o mar, formando rochas sedimentares. Da mesma forma, as rochas metamórficas podem ser formadas tanto a partir de rochas ígneas quanto sedimentares.

Rochas desgastadas pelo mar

O CARVÃO É UMA ROCHA?

Não. Embora o carvão às vezes seja chamado de rocha orgânica, não é uma rocha propriamente dita, pois as rochas são inorgânicas (sem vida). O carvão é um combustível fóssil – tal como o petróleo e o gás – que se formou ao longo de milhões de anos a partir de restos de matéria viva.

O QUE ERAM OS PÂNTANOS CARBONÍFEROS?

Cerca de 300 milhões de anos atrás, no período Carbonífero havia enormes pântanos tropicais cheios de samambaias gigantes parecidas com árvores. Quando os restos dessas plantas eram enterrados e compactados nesses pântanos enormes e quentes, formava-se a turfa. Depois que afundavam mais, o calor e a pressão transformaram a turfa em lenhite. E com ainda mais pressão, transformou-se em carvão betuminoso preto.

Folha fossilizada de samambaia do período Carbonífero

QUIZ rápido!

O QUE É INTERESSANTE NO CALCÁRIO?

Contém grãos de restos de plantas e animais, até mesmo fósseis, incrustados nele.

Formação rochosa de calcário

O QUE SÃO OS CONGLOMERADOS?

Mistura de seixos de diferentes tamanhos cimentados por areia e formados em canais de rios, ao longo de milhares de anos. Se parece com um panetone.

Conglomerado

QUAIS ROCHAS SÃO USADAS NAS CONSTRUÇÕES?

Calcário, arenito e granito.

O QUE SÃO OS MINERAIS?

Os minerais são substâncias químicas naturais a partir dos quais a crosta terrestre é formada. Existem cerca de 2.000 minerais diferentes, cada um com cor e formato únicos. Alguns são quebradiços ou resinosos, mas a maioria é cristal. Minerais como ouro e prata são elementos químicos puros, porém a maioria dos mineirais é composta, sendo os silicatos os mais comuns.

Cristais e minerais brutos

Cristais brutos da pedra preciosa rubi

Curiosidade:
GEMAS E CRISTAIS SÃO A MESMA COISA?

Os cristais são sólidos, quebradiços e parecidos com vidro, de cantos afiados e lados planos. Os cristais naturais se formam quando um líquido esfria e endurece, e as moléculas do líquido se agrupam em um padrão específico - uma pirâmide, um cubo, etc. Cristais raros e bonitos, como rubis e esmeraldas, são chamados de gemas. Muitos são chamados de "preciosos". São raros porque só se formam naturalmente, sob condições muito especiais - geralmente nas profundezas das rochas vulcânicas.

Cristais de quartzo puro

O QUE SÃO SILICATOS?

Quando o silício e o oxigênio, os dois elementos químicos mais comuns na Terra, se combinam com um metal, formam um silicato. Existem mais de 500 silicatos, e o quartzo é um deles.

O QUE SÃO MINERAIS VALIOSOS?

Minerais valiosos são metais ou rochas que podem ser processados e transformados para fins econômicos. Pedras preciosas, como diamantes, rubis, safiras e esmeraldas, são minerais valiosos. Ouro e prata também são preciosos. O paládio é considerado mais precioso que o ouro, sendo muito valioso para a indústria automotiva.

Paládio

O QUE TODOS OS MINERAIS TÊM EM COMUM?

Todos os minerais são duros – a sua resistência a riscos determina o grau de dureza, que é classificado de 1 a 10 na escala de Mohs. Talco, calcita e giz são minerais macios que ficam na extremidade inferior da escala. O diamante tem nota 10 na escala de Mohs.

POR QUE OS DIAMANTES SÃO EXTRAORDINÁRIOS?

Diamante lapidado e polido

Muito duros, muito raros e muito antigos, os diamantes são, essencialmente, carbono que foi transformado sob grande pressão nas profundezas da Terra. Em geral, é a atividade vulcânica que os traz para a superfície, após bilhões de anos, tornando sua mineração possível. O diamante é a substância natural mais dura já encontrada.

QUIZ rápido!

Cristais de fluorita

O QUE É FLUORITA?
Um importante mineral para a indústria, feito de cálcio e flúor.

POR QUE AS AMETISTAS SÃO ROXAS?
Elas têm essa cor devido aos vestígios de ferro contidos nela.

Cristais de quartzo

QUAL CONTINENTE TEM AS MAIORES RESERVAS DE DIAMANTE?
África.

QUAIS SÃO OS MINERAIS MAIS EXPLORADOS?
Carvão, bauxita e ferro.

QUEM ESTUDA ROCHAS E MINERAIS?
Geólogos.

O QUE SÃO FÓSSEIS?

Os restos de plantas e animais – ossos, cascas, ovos, sementes – preservados durante milhares – e até milhões – de anos. Um corpo fóssil é formado por partes reais do organismo. Outras impressões, como pegadas e marcas de arranhões, são conhecidas como vestígios fósseis. Os fósseis são mais frequentemente encontrados em rochas sedimentares moles, como calcário e arenito.

Fóssil de pterodáctilo

QUIZ rápido!

Nodossauro mumificado

A CARNE JÁ FOI PRESERVADA COMO FÓSSIL?

Sim. Fósseis liofilizados encontrados na Sibéria ainda contêm carne, e até mesmo pelo. Os ossos, a pele e a "armadura" desse nodossauro encontrado no mar, em Alberta, no Canadá, estão perfeitamente preservados.

O QUE SÃO AMONITES?

Um grupo de moluscos marinhos extintos que viveu na mesma época em que os dinossauros.

Fóssil de amonite

COMO É CHAMADO UM ESPECIALISTA EM FÓSSEIS?

Paleontólogo.

DE ONDE VEM A PALAVRA "FÓSSIL"?

Do latim *fossilis*, que significa "desenterrado".

Um fóssil sendo desenterrado.

GEOLOGIA 21

QUEM DESCOBRIU OS DINOSSAUROS?

Por volta de 1819, cientistas identificaram alguns fósseis pertencentes a "gigantes" e os nomearam Megalossauros. Em 1842, o cientista britânico Richard Owen estudou esses fósseis, notou semelhanças entre eles e percebeu que pareciam reptilianos. Ele também percebeu que eram muito diferentes de quaisquer seres que vagavam pela Terra na época. Owen, então, os chamou de "dinossauros", que significa "lagartos terríveis".

Richard Owen

POR QUE OS FÓSSEIS SÃO IMPORTANTES?

Os fósseis, tanto os vegetais como os animais, são uma valiosa fonte de informação sobre como a vida evoluiu na Terra – são uma janela para o passado. Eles também fornecem informações sobre as mudanças ecológicas, climáticas e ambientais que ocorreram ao longo do tempo.

Fóssil de inseto em resina

COMO SABEMOS A IDADE DE UM FÓSSIL?

A idade de um fóssil é medida pelo que é chamado de datação radiométrica por carbono-14, que mede mudanças em sua estrutura atômica. Mas o carbono-14 não pode datar fósseis com mais de 50 mil anos, como os dos dinossauros. Para isso, são utilizados outros tipos de datação radiométrica, calculando a idade das rochas que estão acima e abaixo da rocha sedimentar onde o fóssil foi encontrado.

Antigo fóssil de peixe em arenito

Curiosidade: COMO SÃO FORMADOS OS FÓSSEIS

O dinossauro morre em um rio.

O corpo é coberto por sedimentos. A carne se decompõe. O dinossauro se torna um fóssil.

Os sedimentos tornam-se rochas. O esqueleto é pressionado.

Os movimentos da Terra elevam as camadas de rochas à superfície.

A rocha sofre erosão, expondo o fóssil.

Formação de um fóssil

Quando uma planta ou animal é enterrado rapidamente, ele fica preso em sedimentos antes de se decompor. Quando a pressão transforma esse sedimento em rocha, forma-se um molde oco do organismo. Gradualmente, os minerais penetram nessa cavidade e endurecem com o tempo, formando um molde tridimensional detalhado. Organismos de tecidos moles são preservados como impressões entre camadas de sedimentos. Fósseis perfeitamente preservados de insetos e outras pequenas formas de vida também foram encontrados presos dentro da seiva endurecida de árvores.

O QUE É A DERIVA CONTINENTAL?

No início do século XX, o cientista alemão Alfred Wegener denominou o movimento gradual das principais massas da Terra – Europa, Américas, África, Austrália, Ásia e Antártica – como "deriva continental". No entanto, o estudo moderno é o das placas tectônicas. Wegener sugeriu que, ao longo do tempo geológico, as massas de terra podem ter se separado ou se unido para criar novos acidentes geográficos. Ele encontrou evidências disso quando descobriu fósseis, na Noruega, que pareciam ser oriundos de um clima tropical.

Alfred Wegener

QUIZ rápido!

DE ONDE A ANTÁRTICA SE DESPRENDEU NO SUPERCONTINENTE?

Ela ficava posicionada entre a Austrália e a África.

Antártica como parte do supercontinente

QUAL FÓSSIL CONECTA TODOS OS CONTINENTES DO SUL?

Restos fósseis da samambaia *Glossopteris* foram encontrados na Austrália, Antártica, Índia, África e América do Sul.

QUE CONTINENTES COLIDIRAM PARA FORMAR OS ALPES?

Europa e África.

O QUE É A FALHA DE SAN ANDREAS NA CALIFÓRNIA – ESTADOS UNIDOS?

Uma fratura entre duas placas tectônicas da Terra.

Falha de San Andreas - Estados Unidos

GEOLOGIA | 23

POR QUE OS CONTINENTES SE MOVEM?

A superfície da Terra está dividida em fragmentos gigantes chamados placas tectônicas. Os continentes estão situados no topo dessas placas, sendo transportados como se fossem cargas em jangadas. As placas se movem a cerca de 2,5 centímetros por ano e, ao longo de milhões de anos, isso movimentou os continentes por muitos milhares de quilômetros.

Cadeias de montanhas levantadas pela colisão de placas tectônicas

COMO MEDIMOS AS PLACAS TECTÔNICAS?

Estações de rastreamento por satélite foram inicialmente usadas para medir as placas tectônicas. Atualmente, uma medição pode ser feita por rastreadores GPS. Os radiotelescópios também fornecem uma leitura precisa.

Sistemas de rastreamento por satélite

Curiosidade: JÁ EXISTIU UM SUPERCONTINENTE?

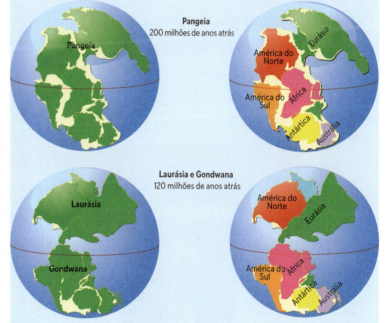

Uma única massa de terra

Em 1912, Alfred Wegener sugeriu que, há cerca de 240 milhões de anos, a superfície da Terra era formada por um supercontinente, a Pangeia, e um oceano gigante, o Pantalassa. A Pangeia começou a se desintegrar cerca de 200 milhões de anos atrás, e os pedaços se separaram para formar os continentes tal como conhecemos hoje. Em 1937, o geólogo sul-africano Alexander du Toit modificou essa teoria, sugerindo que existiam dois continentes originais - Laurásia, ao norte, e Gondwana, ao sul.

COMO A ANTÁRTICA FOI FORMADA?

Cerca de 252 a 66 milhões de anos atrás, a Antártica era exuberante em termos de flora e fauna. A terra se separou dos outros continentes entre 49 e 17 milhões de anos atrás, deslocou-se em direção ao Polo Sul e congelou. A camada de gelo tem espessura média de 2,16 quilômetros, o que torna a Antártica o continente mais alto do mundo.

O QUE SIGNIFICAM AS PALAVRAS "ESTALACTITE" E "ESTALAGMITE"?

Tanto "estalactite" quanto "estalagmite" originam-se da palavra grega *stalassein*, que significa "pingar". O primeiro uso das duas palavras remonta ao século XVII. Tanto as estalactites quanto as estalagmites se formam a partir dos minerais presentes na água que fica gotejando.

QUIZ rápido!

COMO É CHAMADA A EXPLORAÇÃO DE CAVERNAS?

Espeleoturismo ou cavernismo.

Uma caverna sendo explorada.

COMO É CHAMADO O ESTUDO DAS CAVERNAS?

Espeleologia.

Cavernas sendo estudadas.

É VERDADE QUE AS ESTALACTITES E ESTALAGMITES BRILHAM NO ESCURO?

Sim. O calcário brilha quando exposto à luz intensa.

Estalactites e estalagmites podem criar formas interessantes.

AS ESTALACTITES PODEM APARECER DEBAIXO DA ÁGUA?

Sim, estalactites, também chamadas de "espeleotemas suspensos", foram encontradas debaixo d'água, como é o caso dos Hells Bells, no México. São estruturas ocas que se expandem conicamente para baixo. Além do carbonato que constrói estalactites e estalagmites, bactérias e algas auxiliam na formação dessas estalactites subaquáticas.

Espeleotemas de Hells Bells

GEOLOGIA | 25

QUAL A IDADE DAS ESTALACTITES E ESTALAGMITES MAIS ANTIGAS?

As estalactites e estalagmites calcárias se formam de forma extremamente lenta: possivelmente apenas cerca de 10 centímetros ao longo de mil anos. Estudos científicos demonstraram que algumas são muito antigas, podendo ter sido formadas há 190.000 anos!

Estas formações podem ter milhares de anos.

QUAL É A ESTALACTITE MAIS LONGA DO MUNDO?

A estalactite calcária de 8,2 metros de comprimento, considerada a mais longa do mundo, fica na Gruta de Jeita, um complexo de cavernas calcárias 18 quilômetros ao norte de Beirute, capital do Líbano. Foi descoberta em 1836.

Gruta de Jeita – Líbano

O QUE HÁ DE ESPECIAL NA CAVERNA DOOLIN, NA IRLANDA?

Poll-an-Ionain, uma caverna de calcário em Doolin, na Irlanda, tem a mais longa estalactite suspensa conhecida na Europa. Com 7,3 metros de comprimento, ela é conhecida como a Grande Estalactite. A caverna foi descoberta em 1952 e presume-se que a Grande Estalactite se formou ao longo de milhares e milhares de anos. A Caverna Doolin foi aberta ao público em 2006.

A Grande Estalactite na Caverna Doolin - Irlanda

Estalactites sendo formadas.

Curiosidade: AS ESTALACTITES E ESTALAGMITES SÃO SEMPRE ENCONTRADAS EM PARES?

Não, estalactites e estalagmites podem ocorrer isoladamente. No entanto, é verdade que as estalagmites geralmente se formam no solo, a partir da mesma fonte de gotejamento que cria uma estalactite no teto da caverna. A estalactite mais simples tem a forma de um canudo fino. Quanto mais calcita mineral é depositada, mais o crescimento descendente assume a forma de um cone. O gotejamento de calcita que atinge o solo forma uma estalagmite, com uma ponta arredondada. É possível que, com o tempo, a estalagmite e a estalactite se encontrem para formar uma coluna que se estende do chão ao teto.

TERREMOTOS

O QUE SÃO TERREMOTOS?

Como acontecem os terremotos.

O tremor do solo é chamado de terremoto. Alguns terremotos são leves e quase imperceptíveis, mas outros podem ser assustadores. Os mais violentos ocorrem nas bordas das placas que constituem as camadas externas da Terra. Fortes terremotos podem derrubar edifícios e pontes, causar deslizamentos de terra e, às vezes, destruir cidades inteiras.

QUIZ rápido!

QUE CIDADE JAPONESA FOI DEVASTADA POR UM TERREMOTO EM 1995?
Kobe, na província de Hyogo.

Parque Memorial do Terremoto - Kobe, Japão

O QUE É A FALHA DE SAN ANDREAS?
A Falha de San Andreas, na Califórnia, EUA, é onde duas das grandes placas da Terra deslizam uma sobre a outra, muitas vezes provocando terremotos como o que destruiu São Francisco, em 1906.

QUANTO TEMPO DUROU O TERREMOTO MAIS LONGO?
O terremoto mais longo registrado aconteceu perto da costa de Sumatra, na Indonésia, em 2004. Durou quase 10 minutos – a maioria dos terremotos dura menos de um minuto!

O QUE É UM TSUNAMI?

Terremotos no fundo do mar provocam ondas gigantes chamadas tsunamis. Os tsunamis viajam pela água a até 800 quilômetros por hora. Quando se aproximam da terra, a água se acumula em ondas gigantescas com muitos metros de altura, causando grande destruição ao atingir a costa.

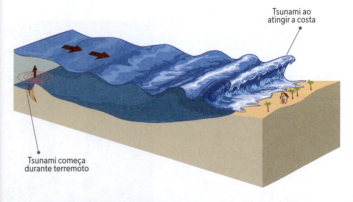

Terremoto subaquático desencadeando um tsunami.

GEOLOGIA | 27

COMO É MEDIDO UM TERREMOTO?

Uma máquina chamada sismógrafo detecta tremores de solo e os registra em um sismograma. O tamanho do terremoto é avaliado na escala Richter, que vai de 1 (tremor leve) até passar de 9 (terremoto severo).

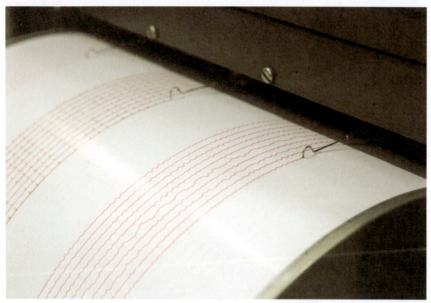

A intensidade de um terremoto sendo medida.

O QUE SÃO ZONAS DE TERREMOTO?

São áreas particularmente propensas a terremotos. A maioria delas está sobre ou perto das bordas das placas tectônicas. Muitas cidades importantes, como Los Angeles, Cidade do México e Tóquio, estão em zonas de terremotos.

Devastação causada por um terremoto no Japão

Curiosidade: O QUE CAUSA UM TERREMOTO?

As enormes placas tectônicas que compõem a superfície da Terra geralmente deslizam umas sobre as outras. Mas às vezes elas se chocam e ficam presas. Quando isso acontece, a rocha se curva e se alonga até que a pressão das correntes sob as placas faz com que elas se separem, enviando ondas de choque em todas as direções. O ponto onde um terremoto começa no subsolo é o hipocentro, ou foco. O ponto na superfície é o epicentro; é onde a terra treme mais violentamente.

COMO SE ESPALHA UM TERREMOTO?

Existem dois tipos principais de ondas de terremoto. As ondas de corpo permanecem subterrâneas e podem viajar a grandes velocidades, vibrando por todo o mundo. As ondas de superfície viajam ao longo da superfície a partir do epicentro. Elas são muito mais lentas, mas causam um dano real. As ondas de superfície podem ser de dois tipos: as ondas Love agitam o solo de um lado para o outro, enquanto as ondas Rayleigh sacodem o solo para cima e para baixo, e parecem rolar pelo solo arenoso ou lamacento como as ondas do mar.

O QUE SÃO VULCÕES?

Vulcões são locais onde a rocha derretida, chamada magma, sobe do núcleo da Terra até o solo. Às vezes, ele escorre lentamente para a superfície como um fluxo incandescente chamado lava. Outras vezes, o magma acumula-se no subsolo até que a pressão finalmente faz com que ele exploda para fora da Terra, como uma erupção.

QUIZ rápido!

ONDE FICAVA POMPEIA?

Descoberta no século XVIII, Pompeia era uma cidade romana, que foi soterrada quase instantaneamente quando o Monte Vesúvio entrou em erupção, em 79 d.C. Os restos encontrados sob as cinzas da erupção estão quase perfeitamente preservados.

As ruinas de Pompeia - Itália

QUAL FOI A ERUPÇÃO MAIS DESTRUIDORA NOS ESTADOS UNIDOS?

O Monte Santa Helena, no estado de Washington, entrou em erupção em 1980, destruindo totalmente o topo e a lateral da montanha e arrasando uma área de mais de 500 km²!

Monte Santa Helena - Estados Unidos

EXISTE UM VULCÃO ATIVO NA INDONÉSIA?

O Monte Semeru, na ilha de Java, está ativo desde 1967.

OS VULCÕES FAZEM ALGUM BEM?

As erupções vulcânicas causam danos tremendos, mas o solo formado a partir de cinzas vulcânicas é extremamente fértil. As rochas vulcânicas também são usadas na construção e nas indústrias químicas. A Islândia, que tem 35 vulcões ativos, usa o calor gerado por eles para fornecer energia abundante ao país, conhecida como energia geotérmica.

A ÁGUA PODE EXPLODIR DO SOLO COMO LAVA?

Pode, na forma de uma fonte termal, onde a água subterrânea, aquecida pelo magma dentro da Terra, borbulha até a superfície. Essa água quente subterrânea também pode explodir em um jato feroz de vapor, como um gêiser, podendo atingir centenas de metros de altura.

Fontes termais

GEOLOGIA | 29

O QUE SÃO OS PONTOS QUENTES?

São áreas de grande calor no manto terrestre, onde plumas de magma quente sobem sobre a crosta. Os pontos quentes têm alta atividade vulcânica. O Havaí, no Oceano Pacífico, está localizado em um ponto quente.

Uma erupção vulcânica

Magma da Terra escorrendo para a superfície.

EXISTEM VULCÕES QUE NÃO ENTRAM EM ERUPÇÃO?

Alguns vulcões ativos entram em erupção com grande regularidade, mas outros ficam calmos por longos períodos, entrando em erupção apenas de vez em quando. Quando não estão em erupção, costuma-se dizer que os vulcões estão adormecidos ou dormentes. Se não entraram em erupção em nenhum momento da história registrada, são considerados extintos. O Castelo de Edimburgo foi construído sobre um vulcão extinto.

Castelo de Edimburgo - Escócia

Curiosidade: TODOS OS VULCÕES SÃO IGUAIS?

Tipos de vulcões

Não, existem três tipos principais de vulcões: escudo, cone de escória e composto. O magma com baixo teor de sílica é muito líquido. Ele jorra de rachaduras no solo e flui por amplas áreas, endurecendo para formar os chamados vulcões-escudo. Quando o magma contém muita sílica, ele não flui tão facilmente e se acumula ao redor da abertura (o local de onde sai do solo). Erupções sucessivas criam uma forma vulcânica "típica", como o Monte Fuji, no Japão, e o Monte Kilimanjaro, no Quênia. Vulcões compostos são construídos a partir de camadas alternadas de lava e cinzas. Durante cada erupção, as cinzas caem lentamente para se depositarem no topo do fluxo de lava.

O QUE É INTEMPERISMO?

É o processo no qual rochas duras e minerais na superfície da Terra se decompõem gradualmente e mudam de forma porque são expostos ao vento, à água, ao sal e a temperaturas variadas. O intemperismo é o primeiro passo na formação do solo. Existem dois tipos de intemperismo: o mecânico e o químico. No primeiro tipo, as rochas se desintegram em fragmentos menores, enquanto no segundo, o material original se transforma em outra substância.

O intemperismo e a erosão podem moldar paisagens muito estranhas.

QUIZ rápido!

O QUE SÃO PEDREGULHOS?

Rochas soltas de tamanho aproximado espalhadas pelas encostas íngremes das montanhas.

Pedregulhos na encosta de uma montanha

OS COELHOS AJUDAM NA EROSÃO DEVIDO ÀS SUAS ESCAVAÇÕES?

Sim, além de comer a grama e, consequentemente, apará-la.

Uma toca de coelho

A QUE VELOCIDADE A TERRA SE DESGASTA?

Cerca de 3,5 centímetros ao longo de 100 anos.

QUE TIPO DE CONDIÇÕES ACELERAM O INTEMPERISMO?

A presença de água e mudança de temperatura. O intemperismo ocorre menos em áreas muito quentes e secas, bem como em locais extremamente frios e secos, onde a temperatura não muda muito.

COMO AS ROCHAS SE DESGASTAM?

A água corrente de um rio remexe e arrasta pedras e rochas que estão soltas ou incrustadas em seu leito. Quando essas rochas atingem outras, inicia-se um processo de desintegração. A água também dissolve o sal-gema, transformando os minerais da rocha em uma argila chamada caulim. A água salgada das encostas pode se infiltrar nos poros das rochas e eventualmente evaporar, deixando cristais de sal.

O baixo nível da água mostra claramente a erosão da margem do rio.

TEMPO E CLIMA 31

O QUE SÃO ÁGUAS SUBTERRÂNEAS?

A água da chuva penetra abaixo da superfície da Terra e encharca o solo. Quando há mais água do que o solo pode absorver, ela pode escoar ainda mais para baixo até ficar cercada por rochas, criando, assim, uma espécie de área de armazenamento, conhecida} como aquífero. A água aqui é chamada de subterrânea e seu nível superior é chamado de lençol freático.

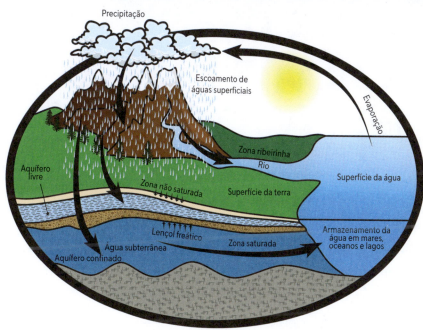

Formação de aquíferos subterrâneos

Curiosidade:
QUAL É A DIFERENÇA ENTRE INTEMPERISMO E EROSÃO?

O intemperismo é o resultado do desgaste das rochas devido à ação das forças da natureza. É um processo natural. Durante o intemperismo, as rochas em sua forma alterada permanecem no mesmo lugar – não há movimento do material. Já a erosão ocorre quando as rochas quebradas são levadas pela água, pelo gelo, pelo vento ou pela gravidade, e os restos são depositados longe do local onde a mudança ocorreu inicialmente.

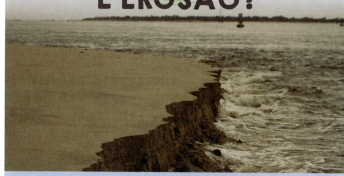

Erosão hídrica

COMO SÃO MEDIDOS O INTEMPERISMO E A EROSÃO?

Erosões e intemperismos abruptos e de alto impacto são óbvios aos olhos, mas grande parte do intemperismo em uma superfície rochosa é difícil de avaliar, a menos que seja mapeada durante um longo período. As alterações na rugosidade das rochas são medidas por métodos científicos que envolvem a coleta de amostras.

Geólogos coletando amostras de rochas.

O QUE É O INTEMPERISMO DO FAVO DE MEL?

Quando a água salgada se acumula na superfície áspera das rochas ou penetra em suas rachaduras, ela evapora, deixando cristais de sal. Com o tempo, esses cristais alteram a rocha, formando centenas ou milhares de poças firmemente unidas, chamadas de favos de mel, que são um exemplo clássico de intemperismo físico e químico.

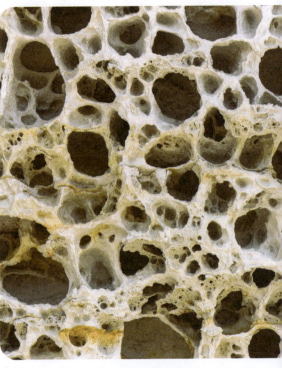

Rochas em formato de favo de mel desgastadas pelo intemperismo químico e físico

POR QUE UMA ROCHA PEQUENA SE DESGASTA MAIS RÁPIDO DO QUE UMA GRANDE?

O intemperismo afeta a superfície de rochas e minerais. Quanto maior a área da superfície exposta de uma rocha, mais rápido ela se desgasta. A superfície de uma rocha menor geralmente fica mais exposta do que a de uma rocha grande, o que a faz sofrer um desgaste muito mais rápido.

Padrão semelhante a um babado na pedra criado pelo desgaste ao longo do tempo

AS ÁRVORES PODEM CAUSAR INTEMPERISMO?

Sim, as árvores podem quebrar pedras grandes. Além disso, suas sementes podem ser depositadas nas fendas e lacunas dos aglomerados de rochas e, ali, germinar. Enquanto a planta cresce, as raízes vão quebrando ainda mais a rocha, podendo até triturá-la em vários pedaços.

Curiosidade:

QUAL É A DIFERENÇA ENTRE INTEMPERISMO FÍSICO E QUÍMICO?

O intemperismo físico também é conhecido como intemperismo mecânico. Iniciado por humanos, plantas ou animais, é um processo que decompõe rochas e minerais na superfície da Terra. Muda apenas a forma ou o tamanho das rochas e minerais. Já o intemperismo químico ocorre quando a composição química da rocha e do solo muda, formando novas combinações químicas e uma estrutura interna diferente.

Um arco formado pelo desgaste físico gradual da rocha

TEMPO E CLIMA | 33

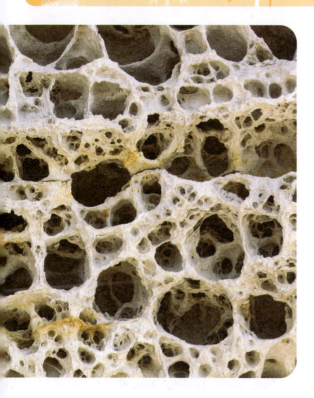

O QUE É CARBONATAÇÃO?

Folhas em decomposição e matéria vegetal liberam dióxido de carbono, que também está presente no ar que nos rodeia. O dióxido de carbono se dissolve na água para criar ácido carbônico por meio de um processo chamado carbonatação. Com o tempo, esse ácido pode dissolver rochas, especialmente calcário. O calcário é uma rocha macia que consiste principalmente de carbonato de cálcio, que reage com a água da chuva, dissolvendo-se para criar enormes cavernas e túneis complexos.

Solo e rocha foram carregados ao longo do tempo, deixando uma cavidade subterrânea.

COMO O FRIO QUEBRA AS ROCHAS?

Quando a água se acumula nas rachaduras de uma rocha, ela pode congelar quando a temperatura cai. O gelo se expande e a pressão pode quebrar a rocha. Em regiões frias e montanhosas, pode-se até ouvir estalos semelhantes a tiros quando as rochas são quebradas pelo frio.

O frio pode quebrar e dividir até mesmo rochas grandes.

QUIZ rápido!

Haloclastia

COMO É CHAMADO O DESGASTE CAUSADO PELOS CRISTAIS DE SAL?

Haloclastia.

Fungos *Coprinellus disseminatus*

AS BACTÉRIAS E OS FUNGOS ACELERAM O INTEMPERISMO?

Sim. Eles enfraquecem a rocha ao retirar produtos químicos como sílica e fósforo para sua nutrição.

Liquen em uma pedra

O QUE É O INTEMPERISMO BIOLÓGICO?

Quando o líquen e o musgo crescem em uma rocha, eles criam um ambiente que causa sua quebra, tanto física quanto quimicamente.

O QUE É VENTO?

O vento é o ar em movimento, variando desde uma brisa leve e suave até uma tempestade forte e rápida, capaz de provocar grande destruição. O ar se move porque o Sol aquece alguns lugares mais do que outros, criando diferenças em sua pressão, o que faz com que ele seja empurrado na forma de correntes de ar.

Vento em movimento

Do espaço, o "olho" do furacão é claramente visível.

Curiosidade: O QUE SÃO FURACÕES?

Furacão é uma tempestade tropical gigante em espiral, que pode atingir ventos superiores a 257 quilômetros por hora e liberar mais de 9 bilhões de litros de chuva! Começa como tempestades desencadeadas pelo ar úmido que sobe do oceano quente. Se a água estiver quente o suficiente, as tempestades se juntam, aumentando cada vez mais e espiralando pelo oceano. Enquanto o furacão cresce, ele gira mais rápido e mais próximo do seu centro, ou "olho", que é uma área muito calma e de baixa pressão. Um furacão pode ter até 800 quilômetros de diâmetro e demorar 18 horas para passar. No Pacífico Sul e no Oceano Índico, os furacões são conhecidos como ciclones, e, no noroeste do Oceano Pacífico, como tufões.

O QUE É LA NIÑA?

Significando "a menina", em espanhol, La Niña é um padrão climático ocasionado pelo acúmulo de águas mais frias que o normal no Pacífico tropical, uma área do oceano entre o Trópico de Câncer e o Trópico de Capricórnio. A queda drástica na temperatura da superfície do mar afeta os padrões de precipitação, assim como de pressão e circulação atmosférica em todo o mundo.

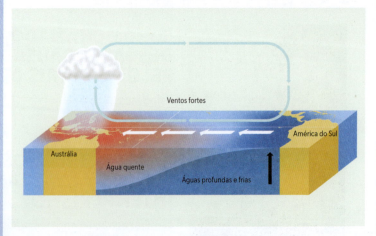

Padrões climáticos causados pela La Niña

TEMPO E CLIMA | 35

QUIZ rápido!

QUANDO ACONTECEU O FURACÃO MAIS MORTAL JÁ REGISTRADO?

Mais de 20.000 pessoas morreram no Caribe durante o Grande Furacão de 1780, quando os ventos podem ter atingido incríveis 320 quilômetros por hora.

QUAL É A MELHOR DEFESA CONTRA UM FURACÃO?

Uma previsão exata do caminho que ele seguirá, a fim de informar as pessoas para que elas possam evacuar a área a tempo.

Nevasca

O QUE É UMA NEVASCA?

É uma tempestade de inverno prolongada que combina grande queda de neve, ventos fortes de mais de 56 quilômetros por hora e temperaturas muito baixas, resultando em baixa visibilidade.

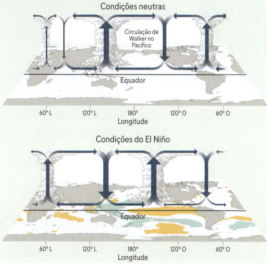

O QUE É EL NIÑO?

El Niño, ou "o menino", em espanhol, é um padrão climático que descreve o aquecimento incomum das águas superficiais no leste do Oceano Pacífico equatorial. O El Niño ocasiona frequentemente alguns dos anos mais quentes já registrados, devido à grande quantidade de calor que sobe das águas do Pacífico para a atmosfera.

Como o El Niño aquece a atmosfera.

O QUE SÃO TORNADOS?

Um tornado é um funil de ar que gira violentamente, desencadeado por nuvens de tempestade gigantes chamadas supercélulas. O vórtice, conhecido como tromba terrestre, é uma massa rodopiante de ar que desce da base da nuvem até o solo, como a mangueira de um aspirador de pó. Sobre a água, um tornado forma uma tromba d'água. Tornados também podem ocorrer com dois ou mais vórtices girando em torno um do outro.

Um tornado descendo das nuvens.

O QUE SÃO TEMPESTADES DE AREIA?

Quando ventos fortes ocorrem em desertos arenosos, eles levantam uma enorme quantidade de areia no ar e a sopram com força, provocando a famosa tempestade de areia. A força e a velocidade do vento podem carregar a areia por milhares de quilômetros antes de depositá-la no chão novamente. A aspereza das partículas pode tornar uma tempestade de areia realmente devastadora. Além disso, grãos menores podem permanecer suspensos no ar por bastante tempo.

Areia sendo soprada pelo deserto.

Chaminé de fada

O QUE É UMA CHAMINÉ DE FADA?

Uma rocha em forma de cogumelo! É interessante como a rocha adquire essa forma. Os fortes ventos que sopram nas paisagens desérticas erodem mais a base do que o topo das enormes rochas. Ao longo de muitos anos, isso resulta em uma estrutura fina com uma parte superior maior: uma rocha em forma de cogumelo.

QUIZ rápido!

QUAL A IDADE DO DESERTO DE KALAHARI?
Cerca de 60 milhões de anos!

EM QUE DESERTO FORAM DESCOBERTOS OVOS DE DINOSSAURO?
No Deserto de Gobi.

Fóssil de ovo de dinossauro

Observação das estrelas no Atacama

EM UM ANO, QUANTAS NOITES SEM NUVENS O DESERTO DO ATACAMA TEM?
330 noites sem nuvens, o que o torna um ótimo local para observações astronômicas.

TEMPO E CLIMA **37**

O QUE É UM *ERG*?

Uma grande área cheia de dunas de areia em um deserto arenoso é chamada de *erg*. Como são formados pelo vento, é provável que a sua forma, ou o seu número, possa mudar ao longo do tempo. Um grande erg pode se espalhar por muitos quilômetros.

Erg Chebbi - Merzouga, Marrocos

O QUE SÃO BARCANAS?

Quando há muita areia solta em um deserto e o vento sopra constantemente em uma direção, formam-se dunas de areia no formato de meia-lua, cujas pontas apontam contra o vento. Barcanas grandes podem ser bem largas e altas.

Uma duna barcana

Curiosidade: COMO AS TEMPESTADES DE AREIA IMPACTAM AS PAISAGENS?

As tempestades de areia podem danificar e enterrar plantas e mudas. Além disso, quando a areia é transportada pelo vento, as partículas suspensas retêm o calor do Sol antes de atingir o solo. Como resultado, o ar na área onde essa areia é depositada ou permanece suspensa torna-se mais quente e seco, não conseguindo mais reter umidade. O aumento da temperatura e a diminuição da precipitação reduzem o crescimento das plantas e resultam em maior erosão do solo, o que leva a alterações na paisagem.

Dunas de areia no leste do Saara

O QUE É A MESA ENCANTADA?

Uma mesa ou chapada é um monte isolado com encostas íngremes e um topo plano. Ela é criada a partir da erosão gradual da terra ao seu redor, causada pela água, pelo vento ou pelo gelo. A Mesa Encantada é um monte de arenito no Novo México, onde vivia a tribo Acoma, mas uma forte tempestade e um deslizamento de terra destruíram o único acesso ao topo, forçando a aldeia a se mudar para outro lugar.

Mesa Encantada - Novo México, Estados Unidos

ERAS DO GELO

O QUE É UMA ERA DO GELO?

Um período muito longo, podendo durar milhões de anos, durante o qual grandes partes da Terra ficam cobertas de gelo devido a uma queda significativa na temperatura.
Os geólogos dizem que a mais recente foi a Pequena Era do Gelo, que começou no século XVI, na Europa e em muitas regiões do mundo, e atingiu seu pico em 1850.

QUIZ rápido!

A ANTÁRTICA RETÉM A MAIOR PARTE DA ÁGUA DOCE DO MUNDO?
Sim, quase 80% de toda a água doce da Terra.

Água doce retida em forma de gelo

QUAL É A IDADE DO GELO GLACIAL?
Na Antártica, parte do gelo tem mais de um milhão de anos.

A ANTÁRTICA É UM DESERTO?
É um deserto polar, pois há pouca precipitação.

QUANTO DO MUNDO ESTÁ COBERTO PELO GELO?
Quase 10% da massa terrestre total da Terra está coberta por gelo. Isso inclui geleiras, calotas polares e mantos de gelo. As geleiras cobrem 15 milhões de km². Durante a última era glacial, 32% da área total da Terra estava coberta por gelo.

Calota de gelo sobre a Groenlândia

AS ERAS DO GELO MUDAM AS PAISAGENS?
Sim, as eras glaciais provocam mudanças significativas nas paisagens. Desde quando estava coberta de gelo até o posterior aquecimento da Terra, as eras glaciais resultaram na formação de lagos, rios, vales e fiordes. Tanto o Norte da Europa como a América viram inúmeras mudanças no relevo devido às eras glaciais.

TEMPO E CLIMA | 39

QUAIS SÃO AS MAIORES EXTENSÕES DE GELO DO MUNDO?

Atualmente, os mantos de gelo da Antártica e da Groenlândia. Um manto de gelo é uma massa contínua de gelo que cobre mais de 50.000 km². O manto de gelo da Antártica cobre 14 milhões de km². Tem de 1,6 a 6,4 quilômetros de espessura e contém 30 milhões de km³ de gelo. O manto de gelo da Groenlândia cobre cerca de 1,7 milhões de km².

Antártica

Glaciar Perito Moreno, na Argentina

O QUE PROVOCA O FIM DE UMA ERA DO GELO?

A rotação e revolução da Terra, a quantidade de radiação solar e a quantidade de dióxido de carbono na atmosfera são fatores que contribuem para o aquecimento do planeta, e podem provocar o fim de uma era glacial. As mudanças nas correntes oceânicas também têm um efeito importante nas temperaturas da Terra.

Uma paisagem congelada

Curiosidade: HOUVE MUITAS ERAS DO GELO?

Houve pelo menos cinco grandes eras do gelo na história da Terra: a Huroniana, a Criogeniana, a Andino-Saariana, a Paleozoica e a Quaternária. O estudo das rochas indica que a Huroniana aconteceu há cerca de 2,1 bilhões de anos. A Criogeniana, há cerca de 700 milhões de anos, pode ter deixado a Terra quase totalmente congelada, como uma bola de neve. A Era do Gelo Andino-Saariana aconteceu há cerca de 400 milhões de anos. No final da Era Paleozoica, há cerca de 360 milhões de anos, havia extensas calotas polares. A Era Quaternária começou há cerca de 2,5 milhões de anos. Atualmente, a Terra está em um período interglacial - entre as eras glaciais.

Derretimento de geleiras e icebergs

COMO SABEMOS QUE O GELO JÁ COBRIU UMA ÁREA NO PASSADO?

Um estudo das rochas encontradas em uma área revela muito sobre o seu passado. Detritos e sedimentos deixados pelo gelo podem fornecer evidências da história de uma região. Além disso, os terrenos erodidos pelo gelo apresentam certas formas de relevo típicas, como vales glaciares com circos, arestas e chifres. Tudo isso indica a presença de gelo em algum momento no passado.

Um *esker*

O QUE É UM *ESKER*?

Às vezes, um rio que corre sob uma geleira cria uma longa e sinuosa crista de areia e cascalho chamada *esker*. As margens desse rio são delimitadas pelo gelo que, após derretido, deixa para trás esse depósito de sedimentos, que se destaca sobre o solo.

Geleira Pata de Elefante, na Groenlândia

Curiosidade:
O QUE SÃO CIRCOS, ARESTAS E CHIFRES?

Um circo

Os circos são formados quando uma geleira desgasta a encosta de uma montanha, deixando uma cavidade arredondada com paredes íngremes, quase verticais. Em formato de bacias, elas são geralmente encontradas no topo de um vale glacial. Arestas são cristas afiadas entre os circos, criadas quando a erosão glacial ocorre em ambos os lados de uma montanha. Já os chifres são picos criados quando três ou mais circos são formados um junto do outro.

TEMPO E CLIMA   41

O QUE SÃO *DRUMLINS*?

Colinas arredondadas ou em forma de monte criadas pelo gelo glacial, os *drumlins* são frequentemente encontrados em aglomerados. Eles são em grande parte constituídos por sedimentos depositados por uma geleira e podem variar em tamanho. O nome deriva da palavra gaélica *droimin*, que significa "menores cristas".

QUIZ rápido!

O QUE É UM *KETTLE*?

Também designado como chaleira, é um pequeno poço deixado por uma geleira que agora forma um lago.

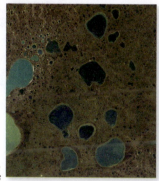

Aglomerado de kettles

O QUE É UM *KAME*?

Uma pequena colina formada por depósitos deixados pelo degelo.

Kame

ONDE ESTÁ LOCALIZADO O PARQUE PROVINCIAL DE *ESKERS*?

Colúmbia Britânica, no Canadá.

O QUE É UM BLOCO ERRÁTICO?

Uma rocha apoiada em outras das quais se difere drasticamente é um bloco errático. Ele pode ter sido transportado para um lugar a quilômetros de distância de seu local de origem pela erosão glacial. Um bloco errático pode variar em tamanho – desde uma pequena pedra até uma enorme rocha. O estudo dessas rochas ajuda os cientistas a definir o movimento glacial.

O QUE SÃO MORENAS?

A variedade de rochas soltas e sedimentos deixados sobre a paisagem evidenciam o tipo de geleira e glaciação que ocorreu na área. Uma morena é o relevo criado pelos detritos deixados por uma geleira após seu derretimento. As morenas recebem nomes de acordo com o tamanho dos detritos e de como elas foram formadas. Exemplos: morena lateral, morena recessiva, morena medial e morena terrestre.

Relevo morena

Bloco errático

IMPACTO HUMANO

AS PESSOAS MODIFICARAM A TERRA?

Os humanos estão deixando a Terra mais marrom ou mais verde?

Desde o momento em que os humanos começaram a construir casas permanentes, eles usufruíram da natureza para atender às suas diversas necessidades. As paisagens foram transformadas – seja através do corte de árvores, do desmatamento de florestas, da pesca, da criação de animais, do cultivo, da construção de casas ou da criação de indústrias. O aumento da população humana e muitas outras mudanças ligadas ao estilo de vida, às necessidades e ao desenvolvimento humano alteraram de forma significativa a face da Terra.

QUIZ rápido!

OS CORAIS ESTÃO AMEAÇADOS DEVIDO AO AQUECIMENTO GLOBAL?

Sim, porque os corais são muito sensíveis às mudanças de temperatura.

Corais

QUANTO PERDEMOS DE FLORESTAS A CADA ANO COM O DESMATAMENTO?

Muito! Aproximadamente 160.000 km² por ano.

Desmatamento de florestas para obtenção de madeira

O QUE É *SMOG*?

É um nevoeiro contaminado de fumaça e poluição atmosférica. O nome se dá devido à junção das palavras em inglês *smoke* (fumaça) e *fog* (nevoeiro).

O AQUECIMENTO GLOBAL AFETA AS NAÇÕES INSULARES?

O derretimento das geleiras como resultado do aquecimento global provavelmente aumentará o nível do mar. Isso afetará mais seriamente as ilhas. É possível que muitos países, como Maldivas e Kiribati, desapareçam completamente no fundo do mar.

O QUE É DESERTIFICAÇÃO?

As árvores e plantas agarram-se ao solo, enriquecem-no e ajudam a equilibrar a umidade nas áreas circundantes. Quando as árvores são cortadas e os prados destruídos, a terra que antes era fértil fica exposta e lentamente torna-se seca e poeirenta. Isso é chamado desertificação.

Solo exposto

TEMPO E CLIMA | 43

O QUE É POLUIÇÃO DO AR?

Quando os gases residuais das indústrias são lançados na atmosfera em grandes quantidades, eles adicionam substâncias venenosas ao ar. Isso é conhecido como poluição. Os automóveis também produzem gases quando queimam gasolina, diesel e outros combustíveis, prejudicando a qualidade do ar e aumentando a poluição atmosférica.

Poluição do ar

O QUE É DESMATAMENTO?

As árvores levam tempo para crescer. O desmatamento é a derrubada delas, especialmente quando são cortadas em grande número sem que novas árvores sejam plantadas. O desmatamento transforma uma densa floresta de grandes árvores em uma terra árida.

Tocos de árvores em uma área florestal desmatada

O QUE É A POLUIÇÃO DOS RIOS?

Quando os resíduos humanos e industriais não tratados são descartados em um rio, eles poluem a água com materiais tóxicos e outros sedimentos. Essa poluição pode destruir o ecossistema do rio e tornar a água imprópria, e até mesmo perigosa, para consumo.

Resíduos plásticos ao longo da margem de um rio

Curiosidade: O QUE SÃO O AQUECIMENTO GLOBAL E AS MUDANÇAS CLIMÁTICAS?

O aquecimento global é o aumento das temperaturas médias em todo o planeta Terra, seja nos oceanos, continentes ou atmosfera. As atividades humanas, como a criação de indústrias de grande escala, tiveram um impacto significativo ao longo do tempo. Elas produzem grandes quantidades de gases com efeito estufa, que retêm o calor na atmosfera terrestre, aquecendo o planeta. As alterações climáticas, por sua vez, provocam eventos extremos como períodos súbitos e longos de seca, inundações, frio intenso e outras condições que não são típicas do clima de uma região. Tudo isso está relacionado aos efeitos do aquecimento global e ao impacto em longo prazo no meio ambiente, causado pelo estilo de vida dos seres humanos.

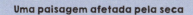

Uma paisagem afetada pela seca

O QUE É UMA COSTA?

A borda da terra que encontra a água, se estendendo ao longo de um mar ou oceano, é chamada de costa. As costas podem ser amplas faixas de praias de areia macia, trechos estreitos e rochosos ou penhascos íngremes. Essa região litorânea ganha forma através das ondas, correntes e marés. Ela está em constante mudança e forma um ambiente importante e único.

Trecho da costa californiana

COMO É CRIADO UM ARCO DE ROCHA?

Quando um afloramento (monte) rochoso alto se projeta para fora da água, as ondas vão quebrando nele e corroendo sua base ao longo dos anos. Se a camada de rocha mais acima permanecer intacta enquanto a base é desgastada, um arco de rocha natural será escavado.

Arco de rocha na costa de Michigan - Estados Unidos

Praia em Eype - Reino Unido

O QUE É UMA PRAIA DE CASCALHO?

Quando pedras, seixos e pequenas rochas são depositados ao longo da costa, criam uma camada porosa que não é tão compacta como a areia. Elas são as praias de cascalho. Comuns na Nova Zelândia, Japão e Reino Unido, as praias de cascalho têm pouca vegetação, e muitas de suas rochas são cobertas de líquenes.

COMO SÃO FORMADAS AS ONDAS?

Quando a luz solar entra na atmosfera da Terra, a energia do Sol aquece o ar. O ar quente se expande e sobe, criando espaço para a entrada de ar mais frio. Esse movimento causa ventos, que sopram sobre a superfície do oceano, transferindo energia para a água, provocando ondulações. Quando essas ondulações se aproximam da costa elas se amplificam, criando as ondas.

Como as ondas se formam

OCEANOS E MARES | 45

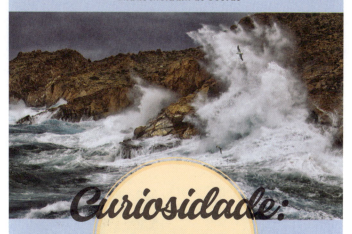
Ondas moldam as costas

Curiosidade:
COMO AS COSTAS SÃO FORMADAS?

Quando as ondas, principalmente as maiores, atingem a terra, a força da água tem o poder de quebrar e triturar rochas e de erodir o solo. Elas também trazem conchas, algas marinhas, outras matérias orgânicas e detritos do mar, que se misturam e se depositam entre as rochas trituradas para moldar a costa. As costas são formadas ao longo de centenas de anos e podem mudar com o tempo, à medida que as ondas as corroem e vão depositando materiais sobre elas.

QUIZ rápido!

QUAL É A PRAIA NATURAL DE AREIA MAIS LONGA?
Bazar de Cox, em Bangladesh.

Bazar de Cox - Bangladesh

O QUE É UM ARQUIPÉLAGO?
Um grupo, ou uma cadeia, de muitas ilhas.

Arquipélago de Lofoten - Noruega

QUAL PAÍS TEM A COSTA MAIS LONGA?
A Praia do Cassino, no Brasil, que se estende por 241.40 quilômetros.

Praia do Cassino - Brasil

QUAL PAÍS TEM A COSTA MAIS LONGA?
Canadá. Sua costa mede 202.080 quilômetros.

AS ONDAS SÃO PORÇÕES DE ÁGUA VIAJANDO?

Não. A água em si não viaja, apenas se move para cima e para baixo – é a energia do vento, transferida para a água, que provoca sua ondulação. E essa energia segue um movimento circular. Enquanto as ondas se movem como uma equipe de revezamento, transferindo energia, a água gira como um rolo em uma esteira transportadora.

O MAR DESGASTA A TERRA?

As ondas do mar se chocam constantemente contra as costas, corroendo as rochas. As ondas também lançam pequenas pedras nas falésias à beira-mar, erodindo-as ou quebrando-as na base até que desmoronem. Ondas e correntes de água carregam areia e cascalho que podem alterar o litoral. Sendo assim, o mar e as suas ondas podem certamente desgastar a terra.

As costas são constantemente atingidas pelas ondas.

O QUE É UMA PILHA ESTRATIFICADA?

Uma pilha estratificada, ou pilha do mar, é uma coluna vertical de rocha perto da costa. Essa coluna é constituída de restos de falésias calcárias que foram corroídas pelo mar de ambos os lados. No início, as ondas escavam cavernas profundas nas falésias, mas elas vão desabando gradualmente, deixando uma íngreme pilha de rochas.

Uma pilha do mar

QUIZ rápido!

O QUE HÁ DE ÚNICO NO PARQUE NACIONAL MARÍTIMO DOZE APÓSTOLOS, NA AUSTRÁLIA?

Há 12 pilhas de rochas no mar.

Os Doze Apóstolos

O QUE É UM TÔMBOLO?

Um relevo que liga uma ilha ao continente por uma faixa ou banco de areia.

Tômbolo

QUAL É O MAIOR RESPIRADOURO (GÊISER MARINHO)?

Kiama Blowhole – Austrália.

OCEANOS E MARES | **47**

O QUE SÃO ESPIGÕES?

São medidas artificiais de proteção costeira para reduzir a erosão. Construídos em madeira ou pedra, os espigões controlam o movimento da água que chega à praia e evitam que a areia seja levada pelas ondas. Vários espigões geralmente são colocados perpendicularmente à costa e se estendem até o mar.

Espigões na praia

O QUE É A BARRA DE ENTRADA DE BAÍA?

Quando o movimento das ondas cria uma barra de cascalho e areia, impedindo o acesso a uma baía, forma-se uma barra de entrada de baía. A existência dessa barra forma um lago raso que fica separado do mar.

Barra de entrada de baía

Curiosidade: O QUE É UM SPIT?

Um *spit*

Um *spit* é um pedaço de terra estreito e extenso, com uma das extremidades fixadas na costa, que parece crescer a partir dela. Com o tempo, o movimento das ondas e das marés vai depositando areia e pedras sobre o *spit*. A outra extremidade estende-se para o mar e vai aumentando à medida que mais detritos se acumulam ao longo dela.

O QUE É UM RESPIRADOURO (GÊISER MARINHO)?

Kiama Blowhole, Austrália

Às vezes, as rochas ao longo da costa apresentam uma fenda ou buraco logo acima da marca da maré baixa. Quando a maré alta chega, a fenda se enche de água, que tenta escapar por esse buraco estreito. O aumento da pressão faz a água espirrar para cima com um som alto. Isso é um respiradouro. Com o tempo, um respiradouro pode criar cavernas ou até mesmo uma piscina natural de água perto da costa.

OCEANOS E MARES SÃO DIFERENTES?

Sim. A diferença está na profundidade, área e variedade da vida marinha. Um oceano é mais profundo e cobre uma área maior em comparação a um mar. Por outro lado, o mar tem uma vida vegetal e animal mais diversificada. Existem menos plantas no oceano, pois há grandes áreas onde a luz solar não chega. As criaturas encontradas na escuridão do fundo dos oceanos são únicas.

Vida subaquática

QUAL É A IDADE DOS OCEANOS?

Os oceanos foram formados entre 4,2 e 3,8 bilhões de anos atrás. Depois que a Terra esfriou (ficando abaixo de 100°C), toda a água gasosa da atmosfera se condensou e, durante um tempo, encheu a bacia da Terra para formar os oceanos.

Curiosidade: QUAIS SÃO OS PRINCIPAIS OCEANOS?

Um oceano é um enorme e contínuo volume de água salgada. Os oceanógrafos identificaram cinco oceanos principais, com base na geografia e nos continentes que os rodeiam. Eles são os oceanos Pacífico, Atlântico, Índico, Ártico e Antártico (também conhecido como Austral). Cobrem aproximadamente dois terços da superfície da Terra e contêm cerca de 97% da água mundial.

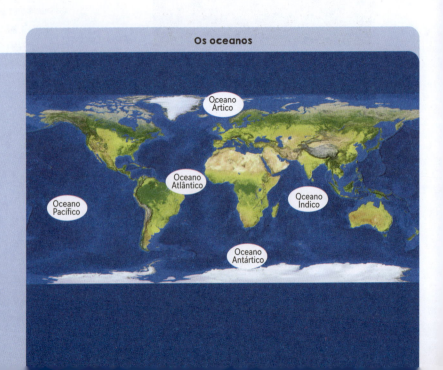

Os oceanos

OCEANOS E MARES | 49

QUIZ rápido!

Oceano Pacífico

QUAL É O MAIOR OCEANO?

O Pacífico é o maior e mais profundo oceano. Cobre um terço da superfície da Terra e tem uma área de 180 milhões de km², contendo mais de 700 milhões de km³ de água. É tão grande que todos os continentes caberiam na sua área.

QUAL É A PROFUNDIDADE MÉDIA DOS OCEANOS?

Cerca de 3.730 metros.

Profundo e escuro

QUAL É O PONTO MAIS PROFUNDO DA SUPERFÍCIE DA TERRA?

A Fossa das Marianas, no Pacífico ocidental, tem 11.030 metros de profundidade.

Ilustração artística da Fossa das Marianas

QUAL É O VOLUME TOTAL DE ÁGUA NOS OCEANOS?

Estima-se que seja 1,35 bilhões de km³ de água.

O FUNDO DOS OCEANOS PODE SER MAPEADO?

O fundo dos oceanos é mapeado usando equipamentos de som e submarinos robôs. Os sistemas de sonar enviam pulsos de alta frequência. O tempo que leva para o pulso sonoro ecoar no fundo do oceano dá uma ideia da sua profundidade.

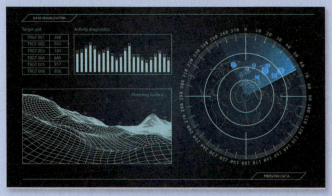
O fundo dos oceanos sendo mapeado.

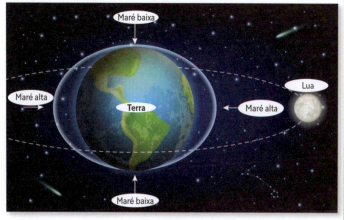
A influência da Lua

O QUE CAUSA AS MARÉS?

O nível da água na superfície dos oceanos sobe e desce, criando as marés. As marés são o resultado das forças gravitacionais da Lua e do Sol, bem como das forças centrífugas da rotação da Terra. A quantidade total de água não muda, apenas sobe em um lugar e recua em outro.

POR QUE É MAIS FRIO NAS MONTANHAS?

Quando o ar se expande, ele fica mais frio. O ar nas montanhas, onde a altitude é maior, está sob menos pressão do que o ar em altitudes mais baixas. Em pontos elevados, o ar é menos comprimido pelo ar acima dele. Como resultado, ele se expande, o que torna as áreas montanhosas mais frias.

Altas cadeias de montanhas

QUIZ rápido!

QUAL É A **MONTANHA MAIS ALTA DO MUNDO?**

O Monte Everest, no Himalaia – Ásia, chegando a 8.848 metros acima do nível do mar.

Monte Everest, na fronteira entre a China e o Nepal

O QUE SIGNIFICA **SINCLINAL E ANTICLINAL?**

São termos que se referem à estrutura das rochas. Quando elas se dobram para baixo, dizemos que é sinclinal; e quando se dobram para cima, o termo é anticlinal.

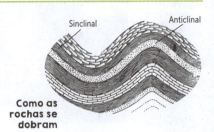

Como as rochas se dobram

QUAL É A **MONTANHA MAIS ALTA DO JAPÃO?**

A montanha mais alta do Japão, com 3.776 metros de altura, é o Monte Fuji, um vulcão ativo que fica em uma junção tripla de atividade tectônica. Curiosamente, é composto por três vulcões diferentes. Na base está o Komitake; no meio, o Kofuji; e no topo está o Monte Fuji. A última erupção do vulcão ocorreu em dezembro de 1707.

Mont Blanc

QUAL O NOME DA **MONTANHA MAIS ALTA DA EUROPA?**

Mont Blanc, nos Alpes, na fronteira franco-italiana.

Monte Fuji - Japão

Curiosidade: COMO SÃO CRIADAS AS MONTANHAS?

A colisão de placas tectônicas empurra as montanhas para cima.

A maioria das maiores cadeias de montanhas do mundo - os Himalaias, os Andes, as Montanhas Rochosas, o Cáucaso e os Alpes - foi criada quando as placas tectônicas da Terra colidiram. Quando as enormes massas tectônicas se chocaram, elas forçaram as camadas de rocha a se dobrarem. É por isso que essas montanhas formam cadeias cumpridas e estreitas ao longo das bordas dos continentes. Montanhas também são criadas quando poderosos terremotos movem a crosta terrestre e levantam enormes blocos de rocha. As erupções vulcânicas também podem criar montanhas.

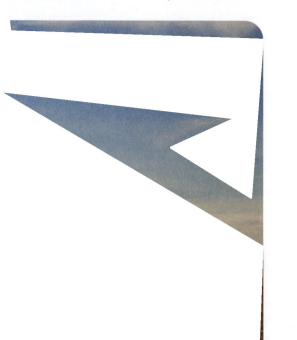

A neve nos picos e nas encostas mais altas nunca derrete.

POR QUE ALGUMAS MONTANHAS SÃO COBERTAS DE NEVE?

Quando a altitude aumenta, o ar fica mais frio, até chegar em uma certa altura chamada de linha de neve, onde é sempre muito frio para a neve derreter. Por essa razão, alguns topos de montanhas ficam cobertos de neve durante todo o ano. A linha de neve fica a 5.000 metros nos trópicos, 2.700 metros nos Alpes, e ao nível do mar nos polos.

AS MONTANHAS SEMPRE EXISTIRAM?

São necessários muitos milhões de anos para formar montanhas. A maioria das montanhas mais altas do mundo foi formada recentemente e é bastante jovem em termos geológicos. A cordilheira do Himalaia, por exemplo, foi formada nos últimos 40 milhões de anos e continua crescendo.

ONDE COMEÇAM E TERMINAM OS RIOS?

Os rios começam como pequenas nascentes e riachos no alto das montanhas. Durante o percurso de descida de um rio, outros riachos se juntam a ele – são os afluentes – deixando-o maior enquanto prossegue. Ao chegar às planícies, o rio flui mais devagar, até desaguar em um mar ou lago.

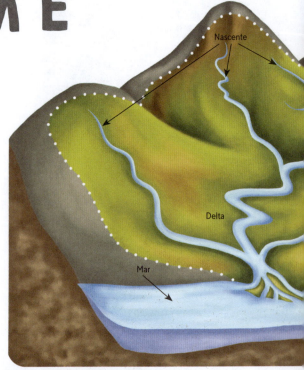

A vida de um rio

O QUE É UM DELTA?

Quando um rio desemboca no mar ou em um lago, os sedimentos – areia, lodo e lama – acumulam-se na foz, bloqueando o seu fluxo. O rio então se divide em vários caminhos menores que seguem para o seu destino. O Nilo possui uma formação delta clássica quando deságua no Mar Mediterrâneo.

COMO OS RIOS MOLDAM A TERRA?

Ao longo de muitos milhares de anos, os rios podem desgastar a terra. Primeiro, eles a esculpem para baixo, criando vales profundos em forma de "V". Depois, oscilam lateralmente para alargar esses vales, criando amplas planícies que são frequentemente cobertas por lodo fino.

QUIZ rápido!

QUÃO ALTO É O BARULHO DAS CATARATAS VITÓRIA, NO ZIMBÁBUE?

Com 935 m³ de água caindo a cada segundo, o barulho pode ser ouvido a 40 quilômetros de distância!

Cataratas Vitória - Zimbábue

QUAL É O RIO MAIS LONGO DO MUNDO?

O Nilo, no Egito, que corre por 6.673 quilômetros.

O Rio Nilo

QUAL É A CACHOEIRA MAIS ALTA?

Salto Ángel, na Venezuela, que possui 979 metros.

EARTH'S TERRAIN

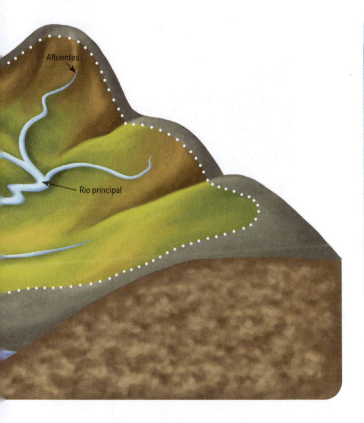

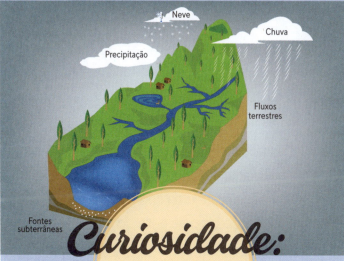

Como um rio coleta água

Curiosidade: COMO OS RIOS CONTINUAM FLUINDO?

Os rios continuam fluindo através da captação de água da chuva ou do derretimento da neve. Mesmo quando não chove, os reservatórios subterrâneos de água mantêm os rios abastecidos. Quando chove, muita água escoa e penetra pelo solo, para emergir em outro lugar como uma nascente. Ao longo de milhares de anos, os rios podem esculpir enormes vales em rocha sólida com uma ampla várzea (uma área plana que inunda quando o rio está cheio).

POR QUE OS RIOS PERCORREM CAMINHOS SINUOSOS?

Quando os rios fluem sobre terras mais niveladas e planas, eles perdem a velocidade e começam a depositar pedras, areia e lodo que carregaram montanha abaixo. O rio acaba acumulando esses depósitos em uma das margens, o que faz com que ele desgaste a outra, ocasionando esse caminho sinuoso nas planícies.

Os rios diminuem a velocidade e serpenteiam pelas planícies.

COMO SE FORMAM AS CACHOEIRAS?

Uma cachoeira se forma quando o leito do rio muda de rocha dura para macia. Uma vez que a força da água desgasta esse tipo de rocha mais rapidamente, o leito macio do rio vai abaixando cada vez mais. A altura da queda aumenta com o tempo, conforme a água vai erodindo mais e mais as rochas macias.

A grande queda d'água de Salto Ángel - Venezuela

O QUE SÃO GELEIRAS?

A palavra "glaciar", outro termo usado para geleira, vem da palavra francesa *glace*, que significa "gelo". Uma geleira é uma enorme massa de gelo que se move lentamente. As geleiras são vistas em regiões montanhosas, onde as temperaturas permanecem sempre próximas do congelamento e onde uma enorme quantidade de gelo se acumula. Forçadas pelo peso do gelo e pela força da gravidade, essas camadas de gelo começam a se mover, quase como um rio, embora a maioria dos glaciares não se mova mais do que um centímetro por dia.

Geleira Skaftafell - Islândia

Camadas de gelo compactado criam uma geleira.

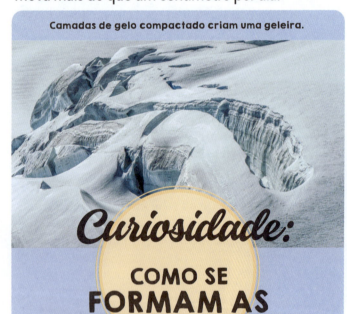

Curiosidade:
COMO SE FORMAM AS GELEIRAS?

Em locais bem acima da linha da neve, onde a neve fica compactada. Quando a neve cai, cobre a que caiu anteriormente, tornando-a mais densa e granulada. Esse tipo de neve é chamado de firn, e seu processo é denominado firnificação. Camadas de firn se acumulam umas sobre as outras e vão ficando grossas e pesadas, o que faz os grãos se fundirem em enormes massas de gelo. Com o tempo, o gelo compactado torna-se tão pesado e exerce tanta pressão, que a geleira lentamente começa a se mover e a deslizar morro abaixo.

QUIZ rápido!

QUAL É A MAIOR GELEIRA?

A geleira Lambert, na Antártica, com 500 quilômetros de extensão.

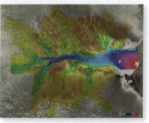

Monitoração da Geleira Lambert

COMO SÃO CHAMADAS AS RACHADURAS NAS GELEIRAS?

Fendas.

Uma fenda

POR QUE AS GELEIRAS PARECEM AZUIS?

O gelo absorve a luz vermelha; apenas a azul é refletida.

COMO É CHAMADO O ESTUDO DAS GELEIRAS?

Glaciologia.

RELEVOS DA TERRA | 55

O QUE SÃO FIORDES?

Sunnylvsfjorden - Noruega

Os fiordes são enseadas muito profundas, longas e estreitas, com encostas ou penhascos íngremes, vistos ao longo das costas da Noruega, Nova Zelândia e Canadá. Um fiorde é formado quando o mar preenche o vale em forma de "U" deixado por uma geleira após seu recuo.

POR QUE AS GELEIRAS SÃO IMPORTANTES?

As geleiras são uma fonte muito importante de água doce. Seu derretimento mantém o fluxo de muitos rios da Terra. As geleiras criam vales férteis para a agricultura e seus depósitos também são ricos em recursos.

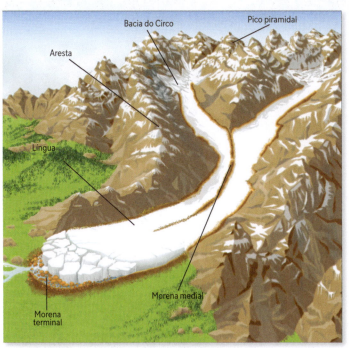

Geleiras alpinas

O QUE É UMA GELEIRA ALPINA?

Quando camadas de gelo se formam nas montanhas mais altas e com formato de bacia (circo), elas são chamadas de geleiras alpinas. À medida que a geleira vai aumentando, o gelo vai descendo pelas montanhas, cortando e quebrando as rochas, criando picos e cristas pontiagudos e abrindo vales únicos em forma de "U".

COMO AS GELEIRAS MOLDAM A TERRA?

O peso e o tamanho das geleiras têm o poder de esculpir a paisagem. Muito parecidas com enormes escavadeiras, elas esmagam e trituram tudo que fica em seu caminho, empurrando os detritos até que sejam depositados em pilhas chamadas morenas.

Danos causados por geleiras nas faces rochosas e depósitos de morenas

O QUE SÃO DESERTOS?

Os desertos são terras vastas e extremamente secas que recebem pouca ou nenhuma chuva. Podem ser quentes e frios – em ambos os casos, a quantidade de evaporação é superior à precipitação recebida, então a terra permanece muito seca.

O Saara da Líbia

Curiosidade: POR QUE OS DESERTOS SÃO ÁRIDOS?

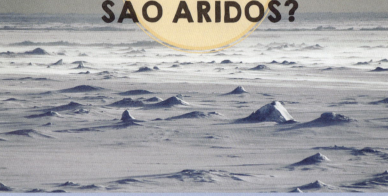

Deserto polar antártico

Os desertos são secos por diferentes razões, dependendo de sua localização. Os ventos nos desertos subtropicais, como o Saara, no norte da África, impedem a formação de nuvens de chuva. Desertos costeiros, como o Atacama, no Chile, não recebem chuva, apenas um pouco de umidade proveniente da neblina. O Vale da Morte, na Califórnia - Estados Unidos, é um deserto onde as encostas das montanhas não permitem a chegada de nuvens carregadas. O Gobi, na Mongólia, é um deserto interior; os ventos fortes não conseguem chegar tão longe para alcançá-lo. Os desertos polares, como o Ártico e a Antártica, são secos porque a água está congelada.

QUÃO QUENTE OU FRIO PODE SER UM DESERTO?

Os desertos podem ter temperaturas extremas. Durante o dia, pode chegar a 54°C (desertos quentes), enquanto à noite, a secura e a falta de nuvens causam uma queda acentuada na temperatura, que pode chegar a 4°C.

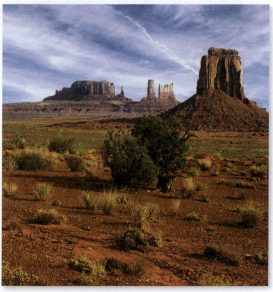

Vale da Morte - Estados Unidos

RELEVOS DA TERRA | 57

Areia do deserto

DE ONDE VEIO A AREIA DO DESERTO?

Os desertos de hoje nem sempre foram terras áridas, pois seu solo possuía plantas e árvores. Mas quando a vegetação morreu, o solo ficou exposto à erosão. Gradualmente, a argila mais leve e as partículas orgânicas foram levadas pelo vento, deixando apenas os grãos de areia formados por pequenas partículas de rochas desgastadas (o que seria o deserto).

O QUE É UMA DUNA DE AREIA?

Dunas de areia

Quando os grãos de areia se acumulam formando um monte ou cume, isso é chamado de duna de areia. As dunas são geralmente formadas pelo vento que sopra a areia em uma direção. Elas podem ter vários formatos e tamanhos, incluindo meia-lua, estrela e longas cristas chamadas dunas longitudinais ou *seifs*.

QUAL É O DESERTO MAIS JOVEM DO MUNDO?

O deserto de Aralkum, no Uzbequistão e no Cazaquistão. Já foi coberto de água e chamava-se Mar de Aral. Mas a água dos dois rios que o mantinham foi desviada para a agricultura e, gradualmente, nos anos 2000, a maior parte do mar tornou-se um deserto.

QUIZ rápido!

PODE NEVAR NO SAARA?

Raramente, mas sim!

Neve no Saara

O QUE É UM OÁSIS?

Um oásis é onde a água de uma fonte subterrânea chega à superfície de um deserto, propiciando vida e vegetação.

Árvores em um oásis

O QUE É UM UÁDI?

É o termo árabe para um leito de rio seco que enche quando chove.

Uádi Bani Khalid - Omã

QUANTO DO MUNDO É COBERTO POR DESERTOS?

Um quinto de toda a sua área terrestre.

Barcos encalhados no que era o Mar de Aral

O QUE SÃO CAVERNAS?

Cavernas são cavidades naturais formadas no subsolo, geralmente grandes o suficiente para a entrada de um ser humano. Mesmo que a entrada pareça pequena e estreita, ela pode se abrir no interior, ficando mais larga ou levar a passagens subterrâneas profundas. A maioria das cavernas é formada devido a um longo período de erosão da rocha pela água.

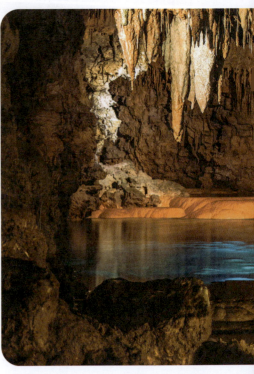

Caverna Gyokusendo, Okinawa - Japão

QUIZ rápido!

COMO É CHAMADO UM ESPECIALISTA EM CAVERNAS?
Um espeleólogo.

Uma caverna sendo explorada.

QUAL É O TAMANHO DA GRUTA DE SARAWAK, EM BORNÉU?
Mais que o dobro do tamanho do Estádio de Wembley, em Londres!

Caverna em Sarawak - Bornéu.

QUAL É A CAVERNA MAIS PROFUNDA CONHECIDA?
Caverna Krubera (também conhecida como Voronya) localizada na região montanhosa do Maciço de Arabika, na Geórgia, com 2.197 metros de profundidade.

QUAL É A MAIOR CAVERNA ÚNICA?
Caverna Miao Room, abaixo do Parque Nacional Ziyun Getu He Chuandong, na China.

O QUE SÃO CAVERNAS DE GELO?

Cavernas de gelo, ou cavernas glaciares, formam-se dentro de uma geleira através da água que entra pelas suas rachaduras e fendas. Essa água derrete e corrói lentamente o gelo, aumentando o tamanho da rachadura e, às vezes, criando longos túneis que levam até sua base.

Caverna de gelo no Lago Baikal - Rússia

RELEVOS DA TERRA | 59

AS CAVERNAS ABRIGAM ALGUMA FORMA DE VIDA?

Existem formas de vida, como os peixes das cavernas, que são especialmente adaptadas à vida nesse ambiente. Alguns insetos, salamandras, sapos e cobras gostam de viver em cavernas, mas também podem viver fora delas. Outros animais, como morcegos, ursos, etc., usam cavernas para se abrigar.

Cobra corredora-azul - Tailândia

O QUE SÃO ESTALACTITES E ESTALAGMITES?

Cavernas Luray - Estados Unidos

Com o tempo, o gotejamento de água nas cavernas pode criar as estalactites (estruturas em forma de pingente de gelo) fixadas ao teto. Esse mesmo gotejamento deposita minerais no chão, que se acumulam formando cones, chamados estalagmites.

O QUE É UMA DOLINA?

Uma caverna pode ser corroída lentamente a tal ponto que o teto não consegue mais suportar o peso do solo acima e desmorona. O grande buraco resultante no solo é chamado de dolina.

Curiosidade: COMO AS CAVERNAS SE FORMAM?

Uma caverna escavada pelas ondas

As cavernas mais conhecidas são formadas por calcário, dolomita ou gesso. Quando chove, a água da chuva e o dióxido de carbono do ar se combinam para formar uma solução levemente ácida. Ao penetrar no solo, essa solução dissolve a calcita presente nas rochas, criando as cavidades subterrâneas. As ondas que se chocam contra os penhascos ao longo da costa também podem criar cavernas. Outra forma de criação de uma caverna é através da lava vulcânica, quando a camada externa esfria e endurece, mas a lava por baixo continua a fluir, deixando uma cavidade. Os terremotos também podem criar essas formações rochosas.

O QUE É UM LAGO EM FERRADURA?

Quando um rio flui através de planícies baixas, ele desacelera, seguindo por um caminho sinuoso com muitas curvas em forma de "U". Com o tempo, algumas dessas curvas acabam sendo isoladas do fluxo principal do rio pelo acúmulo de depósitos e lodo, formando lagos marginais. Esses corpos d'água curvos e distintos estão próximos ao rio, mas separados dele. Também são chamados de braços mortos.

Lago em ferradura, no rio Sava - Croácia

O QUE É UMA BACIA HIDROGRÁFICA?

Um rio e seus afluentes

Um rio pode se originar do derretimento de uma geleira ou da neve. Também pode surgir a partir de um lago ou nascente. E pode ser acompanhado por muitos afluentes, que deságuam nele, aumentando seu fluxo e deixando-o maior. Toda a área ao redor, que abastece um rio e seus afluentes, é chamada de bacia hidrográfica.

QUANTOS AFLUENTES O RIO NILO TEM?

Localizado na África, o Nilo é o maior rio do mundo. Ele tem três afluentes; os dois principais são o Nilo Branco, que começa no Burundi, e o Nilo Azul, que nasce na Etiópia. Ambos os rios se juntam no Sudão. O terceiro afluente, o rio Atbara, é seco durante a maior parte do ano e só flui se chover na Etiópia.

Curiosidade: COMO SE FORMAM OS CÂNIONS?

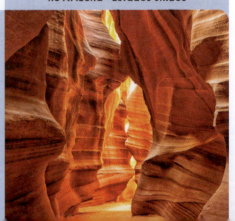

Arenito erodido no Cânion Antelope, no Arizona - Estados Unidos

Um cânion é um vale vasto e delimitado por encostas íngremes e altas. Eles são formados pelo intemperismo e pela erosão. Ao longo de milhões de anos, a terra vem sendo continuamente desgastada pela água. Rochas e lodo no leito do rio são levados por sua correnteza, que escava ainda mais sua passagem estreita em forma de canal.

RELEVOS DA TERRA | 61

QUIZ rápido!

QUAL É A IDADE DO RIO NILO?
Pelo menos 30 milhões de anos.

Rio Nilo - Egito

QUAL É A IDADE DO RIO COLORADO?
Pelo menos 80 milhões de anos.

Rio Colorado - Estados Unidos

QUANTA ÁGUA A AMAZÔNIA POSSUI?
Cerca de um quinto de toda a água dos rios da Terra.

COMO A CORRENTEZA DOS RIOS IMPACTA A PAISAGEM?

Correnteza se refere à velocidade do movimento da água. Ela pode ser muito rápida, especialmente nas montanhas, perto da nascente do rio. As correntezas dos rios têm um poder enorme – podem arrancar pedras do lugar, carregar rochas enormes e esmagá-las em seus leitos. Quando o rio chega a uma planície, a correnteza desacelera, depositando no solo os muitos detritos que carregava, criando, assim, um vale amplo e fértil.

Águas turbulentas de um rio com correnteza rápida

Rio Amazonas - América do Sul

COMO O RIO AMAZONAS GANHOU SEU NOME?

Os soldados espanhóis que exploraram a região pela primeira vez, em 1541, enfrentaram guerreiras nativas que lutaram bravamente. O nome que os invasores deram ao rio veio do termo persa *hamazan*, que significa "aqueles que lutam juntos" – também usado na mitologia grega para designar mulheres guerreiras excepcionais.

COMO SÃO OS POLOS NORTE E SUL?

Em termos geográficos, o Polo Norte é o ponto mais setentrional do eixo de rotação da Terra. Ele está localizado no Ártico e é coberto por gelo com dois a três metros de espessura. A temperatura mais quente que o Polo Norte atinge é 0°C. Mas, geralmente, a temperatura fica muitos graus abaixo de zero. No verão, o Polo Norte é banhado por luz solar constante (não há noites); no inverno, acontece o contrário, a região fica meses totalmente na escuridão.

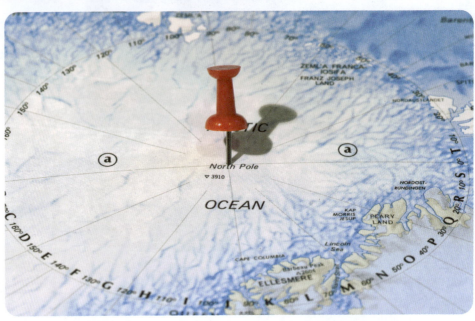

O Polo Norte geográfico

ALGUÉM VIVE NO POLO NORTE?

Além de não possuir terra firme, a deriva do gelo torna muito difícil a criação de assentamentos no Polo Norte. É uma área desabitada que não pertence a nenhuma nação. Mas possui estações de pesquisa instaladas para estudar a região e avaliar mudanças no ecossistema.

Curiosidade:
O QUE SÃO OS ICEBERGS E POR QUE SÃO PERIGOSOS?

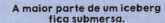

A maior parte de um iceberg fica submersa.

Os icebergs são enormes pedaços de gelo que se desprendem das geleiras e flutuam pelo oceano. Podem ter mais de cinco metros de altura, mas a maior parte do seu volume permanece submersa. Os icebergs são perigosos. Se um navio o atingir, pode ficar seriamente danificado e afundar. As águas mais perigosas estão no Atlântico Norte, ao redor da Groenlândia, e no Hemisfério Sul, ao redor da Antártica. Desde 1912, depois que o transatlântico de luxo Titanic colidiu em um iceberg e afundou, a Patrulha Internacional do Gelo rastreia icebergs e alerta os navios no Atlântico Norte. No entanto, os dados de satélite utilizados para monitorizar os icebergs só conseguem detectar aqueles com mais de 500 metros.

RELEVOS DA TERRA | 63

AS PLATAFORMAS DE GELO ESTÃO SE DESFAZENDO MAIS RÁPIDO ATUALMENTE?

Sim, os cientistas observaram que as plataformas de gelo estão se deteriorando muito mais rapidamente. Elas costumavam levar meses para se quebrar, mas agora estão desmoronando em dias. Isso acontece porque as plataformas de gelo da Antártica estão enfrentando temperaturas mais altas por causa da mudança climática.

Um pedaço flutuante de uma plataforma de gelo

POR QUE A ANTÁRTICA É TÃO IMPORTANTE PARA OS CIENTISTAS?

A Antártica, que é frequentemente considerada o "maior laboratório natural" do mundo, dá aos cientistas a oportunidade única de estudar uma região que permaneceu praticamente inalterada pelos humanos ao longo de milhões de anos. Os vários tipos de rochas e amostras de gelo retiradas dali ajudaram os cientistas a fazer muitas descobertas, como explicações sobre as eras glaciais.

Estação de pesquisa - Antártica

QUIZ rápido!

O POLO NORTE MAGNÉTICO E O GEOGRÁFICO SÃO IGUAIS?

Não. O Polo Norte geográfico fica onde os meridianos se encontram. Já o Norte magnético não é fixo e é o ponto para onde as bússolas apontam.

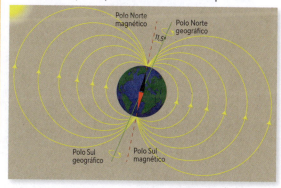

Os Polos Norte e Sul magnéticos

ONDE SE ENCONTRAM PINGUINS: NO ÁRTICO OU NA ANTÁRTICA?

Na Antártica.

Pinguins no gelo

EXISTE TERRA FIRME NO POLO NORTE?

Não. Só há gelo.

O QUE SÃO AS PLATAFORMAS DE GELO?

Encontradas principalmente na Antártica, as plataformas de gelo são pedaços grossos de gelo que flutuam no oceano, enquanto permanecem conectados à costa. Elas são formadas quando as geleiras avançam sobre o oceano. O frio extremo impede que as plataformas derretam, de modo que elas acabam se acumulando em grandes blocos flutuantes.

Plataforma de gelo